Hamster richtig halten

Rianne Bruty

Erscheinungsdaten

Rianne Bruty
Hamster richtig halten – Erste Ausgabe.
Zusammenfassung: „Hamster erfolgreich pflegen und halten"
Bereitgestellt vom Verlag.
ISBN: 978-1-961846-53-1
[1. Hamster richtig halten – Sachbuch] I. Titel.

Dieses Buch wurde mit dem Ziel verfasst, genaue und verlässliche Informationen zum behandelten Thema bereitzustellen. Trotz sorgfältiger Vorbereitung lehnen Autor und Verlag ausdrücklich die Verantwortung für etwaige Fehler, Auslassungen oder negative Auswirkungen ab, die durch die Anwendung der enthaltenen Informationen entstehen könnten. Die vorgestellten Techniken und Vorschläge sollten nach eigenem Ermessen genutzt werden und ersetzen keinesfalls die professionelle tierärztliche Betreuung. Solltest du ein gesundheitliches Problem bei deinem Hamster vermuten, wende dich an deinen Tierarzt.

Entworfen von Sorin Rădulescu
Erste deutsche Ausgabe, 2025

TABLE OF CONTENTS

Fazit

KAPITEL 1

Einführung in die Welt der Hamster

Seit den 1930er Jahren werden Hamster wegen ihres niedlichen Aussehens und ihrer freundlichen Natur gezähmt und als Haustiere gehalten. In den letzten 100 Jahren sind Hamster zu den beliebtesten Nagetieren für Kinder geworden. Nach Hunden und Katzen sind sie

INTERESSANT!

Das Wort Hamster leitet sich vom deutschen Begriff "hamstern" ab, der das Anlegen von Vorräten oder Horten beschreibt – eine Anspielung auf die Gewohnheit des Hamsters, Futter in seinen Backentaschen zu verstauen.

das dritthäufigste Haustier für Kinder.

Warum sind Hamster bei Kindern so beliebt? Vielleicht liegt es an ihrem superweichen Fell, ihren kleinen Knopfaugen, ihren zuckenden Näschen oder an ihrem frechen Charakter. Oder vielleicht, weil ein Hamster oft das erste Haustier ist, das nicht der ganzen Familie gehört, sondern ganz allein dem Kind!

Im Gegensatz zu Katzen und Hunden brauchen Hamster nicht viel Platz für ihre Haltung und sind auch nicht teuer in der Haltung. Sie sind von Natur aus ordentliche Tiere, die ihren Lebensraum so orga-

FUN FACT
Freche Nager

Hamster besitzen die einzigartige Fähigkeit, ihre Backentaschen mit bis zu 20% ihres Körpergewichts an Nahrung zu füllen. Diese Überlebensstrategie ermöglicht es wildlebenden Hamstern, zusätzliche Nahrung zu speichern, während sie Blätter, Wurzeln oder Früchte abseits ihres Nestes sammeln. Da diese winzigen Geschöpfe leichte Beute für größere Raubtiere sind, sammeln sie ihre Fundstücke schnell ein und tragen sie an einen sicheren Ort zum Fressen. Der Name "Hamster" stammt tatsächlich vom deutschen Wort "hamstern", was "Vorräte anlegen" bedeutet.

nisieren, dass sie einen separaten Schlafbereich, Essbereich und eine Toilette haben. Einige Arten sind von Natur aus zutraulich und lassen sich gerne halten und sanft bespielen. Mit der Zeit können Goldhamster ihren Namen und ihren Besitzer erkennen. Ein Hamster könnte genau der Gefährte sein, nach dem du suchst!

Hamster können eine tolle Wahl als Haustier sein, besonders für ein Kind. Aber wie jedes Lebewesen brauchen sie das richtige Futter, eine Quelle für sauberes Wasser, ein sicheres Zuhause, geistige Anregung und körperliche Aktivität.

Die Geschichte des Hamsters

Weltweit sind neunzehn Hamsterrassen anerkannt, obwohl nur eine Handvoll davon domestiziert und als Haustiere gehalten werden. Jede Art dieser niedlichen, kleinen Fellknäuel hat eine einzigartige und bunte

Geschichte sowie besondere körperliche Merkmale und Verhaltensweisen. Jeder Hamster, unabhängig davon, wo er gekauft wurde, stammt von einem wilden Vorfahren ab, der entweder aus Südosteuropa, dem Nahen Osten oder Asien kommt.

Wildhamster sammeln Nahrung, die sie nach Hause bringen und lagern. Sie leben in einem Netzwerk aus unterirdischen Tunneln und Kammern in Bauen, die bis zu einem Meter tief sein können. Im Allgemeinen leben sie einzelgängerisch und sind äußerst territorial. Viele Wildhamster leben in warmen, trockenen Klimazonen.

Domestizierte Hamsterarten

Es gibt vier Arten – von denen eine zwei Varianten hat – die domestiziert wurden und als Haustiere weltweit beliebt sind.

Goldhamster

Goldhamster, die manchmal wegen ihrer ursprünglichen strohfarbenen Färbung und ihres freundlichen Wesens auch „Goldene" Hamster genannt werden, wurden Ende des 18. Jahrhunderts in der Region Aleppo in Syrien entdeckt und erstmals kategorisiert. Lange glaubte man, dass sie im 19. Jahrhundert ausgestorben waren, bis im Jahre 1930 ein syrisches Hamsterweibchen mit ihren 12 Babys gesichtet, gefangen und schließlich nach Großbritannien  gebracht wurde. Es wird angenommen, dass jeder domestizierte Goldhamster von dieser einen Hamsterfamilie abstammt. Goldhamster gibt es mittlerweile in etwa 40 verschiedenen Fellfarben, die ein Spektrum von verschiedenen Brauntönen über Schwarz bis hin zu Creme- und Grautönen abdecken. Auch die Länge ihres Fells variiert von kurzhaarig bis langhaarig mit einer Rex-Variation (kurz und lockig). Der langhaarige Goldhamster wird oft als Teddyhamster bezeichnet.

Chinesischer Hamster

Chinesische Hamster, so genannt, weil sie in Nordchina entdeckt wurden, gelten als Nachkommen mehrerer wilder Rassen.
Obwohl sie kleiner als Goldhamster sind, werden chinesische
Hamster nicht als Zwergarten be-
trachtet. Anders als Goldhamster

Chinesischer Hamster

und viele andere Rassen leben chinesische Hamster in der Wildnis mit ihrer Familie zusammen und domestizierte chinesische Hamster kommen gut mit ihren Käfiggenossen zurecht – aber dazu später mehr. Chinesische Hamster sind dunkelgrau und haben einen dunklen Streifen auf dem Rücken sowie einen weißen Bauch. Chinesische Hamster sind extrem aktiv und daher nicht leicht zu handhaben. Sie benötigen große Gehege mit viel Platz zum Herumlaufen.

Russische Zwergarten – der Campbell-Zwerghamster und der Dsungarische Zwerghamster

Die russischen Zwergarten ähneln farblich dem chinesischen Hamster, wobei russische Hamster kleiner, dicker und runder sind als ihre schlankeren chinesischen Verwandten. Ihre kompakte Statur und das dichte Fell ermöglichen Ihnen ein Leben im kühlen Klima Nor-
drusslands. In der Wildnis hinge-
gen sind sind Vertreter dieser Art meist eher braun als grau gefärbt.

Es gibt zwei russische Zwerg-
arten, die häufig als Haustiere gehalten werden – den Campbell-
Zwerghamster und den Dsungari-
schen Zwerghamster. Diese beiden Arten können sich miteinan-

Campbell-Zwerghamster

der kreuzen.

Benannt ist der Campbell-Zwerghamster nach Charles William Campbell, der 1904 als Erster ein Exemplar dieser Art in der Mongolei einfing. Campbell Hamster gibt es in verschiedenen Farben. Aufgrund ihrer lebhaften Art sind sie besonder unterhaltsam zu beobachten. Auch wenn Sie in kleinen Gruppen in einem Gehege gehalten werden können, neigen die Hamster dazu, territorial zu sein. Daher muss das Habitat groß genug sein muss, damit jedes Tier ausreichend Platz hat. Diese Art ist anfälliger für Diabetes als andere Hamsterarten.

Die zweite domestizierte rus-sische Zwergart ist der Dsunga-rische Zwerghamster. Diese sind als domestizierte Art typischer-weise weiß, während sich ihre Fellfarbe in der freien Wildbahn saisonal verändert. Ihr Ursprung aus Sibirien machte eine jahres-zeitlich angepasste Fellfarbe not-wendig: im Winter sorgte ein wei-ßes Fell für Tarnung im Schnee,

Dsungarische Zwerghamster

während Grau- und Brauntöne in den wärmeren Monaten eine bessere Anpassung an die Umgebung boten. Der Dsungarische Zwerghamster hat eine andere Körperform als sein Cousin, der Campbell-Zwergham-ster. Zudem ist er zahmer als der Campbell-Zwerghamster.

Roborowski-Zwerghamster

Die letzte domestizierte Art, der Roborowski-Zwerghamster, ist das kleinste dieser Tiere und als Haustier relativ neu. Sein Fell-muster ähnelt dem der russischen Zwergarten. Sie haben ebenfalls einen dunkelgrauen Streifen auf dem Rücken, jedoch ist Ihre Kör-perfarbe ist jedoch heller und er-innert an ein blasses Taubengrau.

Roborowski-Zwerghamster

Obwohl „Robos" das freundlichste Temperament unter den Zwergarten haben, sind sie aufgrund ihrer Größe, ausgeprägten Energie und schnellen Geschwindigkeit keine gute Wahl als Haustier für Kinder. Diese Eigenschaften bedeuten auch, dass dieser Hamster kein großer Kuschler wie der Goldhamster ist. Da er sehr aktiv ist eignet sich ein Robo eher zum Beobachten als zum Anfassen. Obwohl Robos winzig sind, benötigen sie aufgrund ihres hohen Aktivitätsniveaus ein großes Gehege. Sie brauchen auch eine Vielzahl von Spielzeugen, um sie zu beschäftigen.

INTERESSANT!
Wie viele Arten gibt es?

Obwohl nur fünf Hamsterarten üblicherweise als Haustiere gehalten werden, gibt es in der Natur noch viel mehr. Weltweit existieren über 20 verschiedene Hamsterarten, von denen die meisten ausschließlich in freier Wildbahn leben und in Europa und Asien zu finden sind. Der größte wildlebende Hamster ist der Europäische Feldhamster mit seiner charakteristischen schwarzen Bauchfärbung, der als ausgewachsenes Tier typischerweise 20 bis 30 cm lang wird. Leider sind diese europäischen Wildhamster mittlerweile vom Aussterben bedroht.

Wie sieht ein Hamster aus?

Die meisten Nagetiere, die als Haustiere gehalten werden, haben kurze und kräftige Beine, zwei kleine Ohren, zwei Knopfaugen, winzige Krallen, Schnurrhaare und eine Knopfnase. Wie kannst du dir also sicher sein dass dein neues Haustier tatsächlich Hamster ist? Schau dir einfach die Hamster-Checkliste unten an!

Hamster-Checkliste:

- **Hat das Nagetier einen kurzen Schwanz?**
Wenn deine Antwort auf diese Frage nein ist, hast du definitiv keinen Hamster und solltest dein Nagetier dorthin zurückbringen, wo du

Foto Von
Kaitlin Boruff

es gekauft hast, um eine Rückerstattung zu erhalten! Da Hamsterschwänze kurz sind, siehst du ihn vielleicht nicht sofort. Der Schwanz eines Goldhamsters sieht aus wie ein großes Reiskorn. Der Schwanz ist haarlos und liegt in dem flauschigen Fell des Tieres. Die Schwänze von Zwerghamstern sind noch kleiner als die von Goldhamstern und normalerweise weiß mit feinem Haar. Chinesische Hamster werden aufgrund ihrer längeren Schwänze manchmal mit Mäusen verwechselt. Ihre Schwänze sind bei weitem nicht so lang wie die einer Maus, Ratte oder eines Rennmäuschens, aber definitiv länger als der Schwanz eines Goldhamsters. Wenn du dir nicht sicher bist, ob ein Tier ein chinesischer Hamster oder eine Maus ist, schau dir die anderen körperlichen Merkmale des Nagers an oder suche online nach Bildern von beiden.

- **Wie groß ist das Nagetier?**

Goldhamster sind die größte Hamsterart. Es gab Berichte über Goldhamster, die 30 Zentimeter lang sind, aber das ist ungewöhnlich. Die meisten domestizierten Goldhamster sind zwischen 13 und 23 Zentimeter lang. Das Weibchen der Art ist oft größer als das Männchen. Das Gehege, welches du für deinen Goldhamster bereitstellst, muss geräumig genug für ein Tier dieser Größe sein. Wenn du also einen jungen Goldhamster kaufst, denk daran, dass er noch wachsen wird.

Chinesische Hamster werden durchschnittlich 7,5 bis 13 Zentimeter lang und sind die zweitgrößte der fünf Hauptarten von Hamstern als Haustiere.

Russische Zwerghamster und Dsungarische Zwerghamster werden normalerweise durchschnittlich etwa 7,5 Zentimeter lang und werden, wenn sie als Jungtiere gekauft werden, nicht viel größer als Goldhamster.

Die Körper von Hamstern sind breiter als die längeren, schlankeren Körper anderer Nagetiere wie Mäuse oder Rennmäuse. Der Körper eines Goldhamsters erinnert an die Form einer Kartoffel, während Zwerg-

hamster eher aussehen wie flauschige Golfbälle – ganz anders als
andere Nagetiere!

Die kleinste der gängigen
Hamsterarten, der Roborowski,
wird aufgrund seines ähnlich ge-
färbten Fells und des dunkleren
Streifens entlang der Wirbelsäule oft mit russischen Hamstern
verwechselt. Wenn du sie neben-
einander vergleichen würdest,
würdest du die hellere Farbe des
Roborowski-Fells und seine geringere Größe bemerken.

Foto Von
Finn Alford

Triffst du auf ein Nagetier in der Größe eines Schuhs, besitzt du
möglicherweise einen Goldhamster in Weltrekordgröße. Wahrscheinlicher ist jedoch, dass du ein Meerschweinchen und keinen Hamster gekauft hast!

- **Lädt dein Nagetier Futter in seinen Backentaschen?**
  Hamster speichern ihre Nahrung, ähnlich wie Streifenhörnchen und
andere Erdhörnchen, wie Präriehunde und Murmeltiere, in Taschen im
Mund. Der Fachbegriff für diese Taschen ist Backentaschen (ja, wirklich).
Diese innere Wange erstreckt sich bis zur Schulter des Tieres und wird
verwendet, um vorübergehend Nahrung und Einstreu zu lagern. Diese
Backentaschen sind ein evolutionäres Merkmal, das es Hamstern er-
möglicht, schnell Nahrung zu sammeln und zu speichern, wenn sie im
Freien sind, und dann so schnell wie möglich in Sicherheit zu gelangen.
In der Wildnis sind Hamster die Beute vieler Vögel und Waldtiere wie
Füchse. Sobald sie in der Sicherheit ihrer Baue oder Betten sind, leeren
sie ihre Taschen und lagern oder fressen die gesammelte Nahrung.

Sind Hamster gute Haustiere?

> *Hamster können wunderbare Haustiere für Anfänger sein, da sie geschäftige, neugierige und abenteuerlustige Kreaturen sind! Hamster gewöhnen sich an die Stimme und den Geruch ihres Besitzers und entwickeln positive Assoziationen mit ihnen, vorausgesetzt, sie werden gut gepflegt. Ein Hamster wird dich mit seinen klugen Bemühungen zur Problemlösung überraschen, und sie können gute Kommunikatoren sein, sobald du in der Lage bist, ihr Verhalten und ihre Signale zu erkennen.*
>
> JESSICA BRESLER
> *Poppy Bee Hamstery*

Die positiven Eigenschaften von Hamstern

- **Hamster sind kuschelig, freundlich, zutraulich und gesellig.**

Goldhamster und chinesische Hamster sind Einzelgänger, was für Nagetiere ungewöhnlich ist. Zwerghamster können gelegentlich paarweise oder in Gruppen untergebracht werden. Allerdings kommt es dabei oft zu Streitigkeiten, sodass die Tiere getrennt werden müssen. Es ist wichtig, sich dessen bewusst zu sein, um entsprechend zu planen- etwa indem man andere Gehege zur Verfügung stellt und einen oder mehrere der neuen Hamster umsiedelt. Für einen einzelnen Hamster bist du seine einzige Quelle der Sozialisierung. Das gibt dir die wertvolle Gelegenheit, eine echte Bindung zu deinem Haustier aufzubauen, wenn du dir die Zeit nimmst.

- **Hamster sind relativ pflegeleicht und einfach zu halten.**

Ja, Hamster brauchen ein sauberes Habitat, Futter und frisches Wasser. Zudem brauchen sie Unterhaltung. Aber das gilt für alle Haustiere. Hamster können eine Vielzahl von Nahrungsmitteln fressen und sind

nicht besonders wählerisch, was sie fressen. Aus diesem Grund – und weil sie im Vergleich zu einem Hund zum Beispiel so wenig fressen – sind die Futterkosten niedrig. Die Reinigung ihres Habitats wird dadurch erleichtert, dass Hamster normalerweise eine Ecke ihres Geheges als Toilette wählen. Das bedeutet, dass du diesen Bereich täglich zwischen den regelmäßigen Reinigungen des Habitats gezielt reinigen kannst.

Mögliche Nachteile/Überlegungen

- **Da Hamster Nachtaktiv sind, verbringen sie den Großteil des Tages schlafend**
  Das kann bedeuten, dass Menschen, die tagsüber mit ihrem Hamster spielen möchten, ihn dabei stören könnten, während er versucht zu schlafen. Dies stört ihren natürlichen Biorhythmus, was ihrer Gesundheit schadet. Zudem können sie mürrisch reagieren und beißen, wenn man sie weckst!

Einen nachtaktiven Mitbewohner zu haben, bedeutet, dass dein Hamster genau dann aufwacht und aktiv wird, wenn du dich für eine ruhige Nacht zum Schlafen hinlegst. Wahrscheinlich wird er in sein lautes Laufrad springen oder in seiner Futterschüssel wühlen. Für manche Menschen kann das störend sein. Daher solltest du überlegen, das Gehege deines Hamsters woanders im Haus unterzubringen, wenn du versuchen möchtest zu schlafen.

- **Hamster sind schnell.**

Wenn er die Chance bekommt, wird dein Hamster, egal ob er dein Freund ist oder nicht, die Flucht ergreifen. Dies kann dazu führen, dass Kinder in Panik geraten und das Tier zu fest packen, wenn sie versuchen, es zu fangen, und es möglicherweise verletzen. Das Greifen des Hamsters wird auch dazu führen, dass er in Panik gerät, und wenn er zu verängstigt wird, kann er einen Herzinfarkt erleiden und sterben. Um zu verhindern, dass dein Hamster verletzt wird oder Schlimmeres passiert, sollte dein Haustier einen sicheren und geschützten Spielbereich haben, in dem es erkunden kann und ihr beide Spaß haben könnt.

● **Hamster haben scharfe Zähne.**

Hamster haben Zähne, was bedeutet, dass sie beißen können –auch dich. Zudem haben Sie haben winzige Krallen, die normalerweise keine wirklichen Schäden an der Haut verursachen, aber gelegentlich kratzen können.

Hamster werden, anders als Menschen, mit ihren erwachsenen Zähnen geboren. Sie haben insgesamt 16 Zähne, aber die auffälligsten sind die vier Schneidezähne vorne – zwei oben und zwei besonders lange unten. Diese sind normalerweise gelblich gefärbt und sehr scharf. Die einzige Möglichkeit für einen Hamster, sich zu verteidigen, ist zu beißen, was er tun kann, wenn er sich bedroht oder verängstigt fühlt.

Obwohl ein Hamster klein ist, ist sein Biss schmerzhaft und führt oft zu Blutungen.Frag dich also, ob du damit leben kannst dass dein Hamster möglicherweise beißt. Je kleiner die Hamsterrasse, desto wahrscheinlicher ist es, dass die Hamster beißen. Besonders bei den Zwergarten ist ziemlich häufig, selbst wenn sie jung gehandhabt werden. Dies ist ein wichtiger Aspekt bei der Wahl deines Hamsters. Goldhamster sind die zahmste Rasse, wenn du also die beste Chance haben möchtest, nicht gebissen zu werden, wähle einen Goldhamster als Haustier. Chinesische Hamster sind auch eine gute Wahl, wenn du ein Tier suchst, das eher nicht beißt.

● **Die Persönlichkeiten von Hamstern unterscheiden sich je nach Art.**

Wie bereits erwähnt, sind Goldhamster in der Regel die freundlichsten der Rassen, dicht gefolgt vom chinesischen Hamster.

Zwerg- und Roborowski-Hamster wachen tagsüber für bestimmte Zeiträume auf, was bedeutet, dass es Gelegenheiten gibt, ihnen beim Spielen zuzusehen. Roborowski-Hamster sind gutmütig gegenüber Menschen, was sie für jüngere Besitzer geeignet macht. Andere Zwerghamsterarten sind hingegen meist weniger zutraulich gegenüber Menschen. Sie neigen dazu zu beißen und sind aus diesem Grund keine gute Wahl für Kinder.

Dies ist wichtig zu beachten, denn als Zwerghamster erstmals als Haustiere populär wurden, kauften viele Menschen sie in der Annahme, sie wären gute Begleiter für Erwachsene und Kinder. Es zeigte sich schnell, dass außer den Robo-Hamstern, Mitglieder der Zwergarten im Allgemeinen nicht gerne angefasst wurden, und häufig beißen. Infolgedessen wurden viele Zwerghamster an Hamster-Rettungsorganisationen abgegeben, die daraufhin mit Tieren überfüllt waren, für die es aufgrund ihrer Ungeselligkeit schwer war, ein neues Zuhause zu finden.

Wenn du es lieber magst, Hamster zu beobachten als sie zu handhaben, ist eine Zwergart eine gute Wahl. Zwerghamster sind sehr unterhaltsam.

Wie wähle ich die richtige Art für mich?

Wenn du einen Hamster suchst, den du aus seinem Käfig nehmen und mit dem du spielen kannst, empfehle ich den Goldhamster – sie sind größer und viel freundlicher als die kleineren Hamsterarten. Für Erwachsene, die ein kleines Haustier suchen, das sie beobachten und mit dem sie interagieren können, die aber vielleicht nicht viel Zeit für praktisches Spielen haben, empfehle ich einen Robo-Hamster. Sie sind die kleinsten der Hamster und es macht viel Spaß sie zu Beobachten. Der Zwerghamster ist auch ein toller Hamster, aber vielleicht nicht die beste Wahl für Erstbesitzer, da man wirklich wissen muss, wie man sie trainiert, um sie sicher zu handhaben.

CINDY CRIBBS
Haven for Hamsters Rescue & Sanctuary

Es ist verlockend, dein Haustier einfach danach auszuwählen, wie es aussieht, aber das ist unklug.

Du musst überlegen, was du deinem Haustier bieten kannst, wie viel Platz du zur Verfügung hast, wie viel Geld du für ein Habitat ausgeben kannst und wie viel Zeit du investieren kannst, um dich um dein Haustier zu kümmern und eine Bindung zu ihm aufzubauen.

Du solltest auch die Größe, die Persönlichkeit und den Schlafzyklus des Hamsters sowie das Alter des potenziellen Besitzers berücksichtigen. Nutze das Profil jedes Hamsters unten, um zu entscheiden, welche Hamsterart für dich richtig ist.

Goldhamster

Größe: 13–23 cm (durchschnittlich etwa 15 cm)
Freundlichkeit:
Alleine oder mit mehreren Hamstern im Gehege zu halten: Alleine ´
Besonderheit: Goldhamster sind in verschiedenen Farben und Haarlängen erhältlich.

Chinesischer Hamster

Größe: 7,5–13 cm (typischerweise näher an 7,5 cm)
Freundlichkeit:
Alleine oder mit mehreren Hamstern im Gehege zu halten: Ein Paar gleichgeschlechtlicher Hamster ist möglich, wenn die Einführungen richtig gehandhabt werden.
Besonderheit: Diese Art hat einen etwa 2,5 cm langen Schwanz, aber er kann so lang wie ihr Körper werden. Er bewegt sich nicht wie der Schwanz einer Maus und kann sich auch nicht wie der einer Eidechse ablösen, um Raubtiere zu verwirren.

Campbell-Zwerghamster

Größe: 7,5 cm

Freundlichkeit:

Alleine oder mit mehreren Hamstern im Gehege zu halten: Mehrere Campbell-Hamster können in einem Gehege zusammen leben, wenn das Gehege groß genug ist, um jedem Hamster ausreichend Platz zu bieten. Es ist am besten, gleichgeschlechtliche Hamster zu halten.

Besonderheit: Eine mutige, verspielte Art, die Spaß macht beim Beobachten.

Dsungarischer Zwerghamster

Größe: 7,5 cm

Freundlichkeit:

Alleine oder mit mehreren Hamstern im Gehege zu halten: wenn das Gehege groß genug ist, damit jeder Hamster sein eigenes Territorium haben kann.

Besonderheit: Diese Hamster wachen tagsüber regelmäßig auf, um zu spielen.

Roborowski-Zwerghamster

Größe: 5 cm

Freundlichkeit:

Alleine oder mit mehreren Hamstern im Gehege zu halten: Alleine

Besonderheit: Dies ist die kleinste, schnellste und freundlichste Hamserart der Zwerghamster.

KAPITEL 2

Einrichtung des Hamsterheims

Es ist unwahrscheinlich, dass du den Bau eines Wildhamsters nachbilden kannst, aber heutige Hamster werden seit Generationen domestiziert und kennen diesen Lebensstil gar nicht. Trotzdem gibt es Aspekte ihrer natürlichen Umgebung, die du in ihr Zuhause einbringen kannst und die den natürlichen Umgebungen ihrer Vorfahren ähneln.

Das allererste, was du brauchst – und was oft vergessen wird – ist eine sichere, gut belüftete Box, in der du dein Haustier von seinem Kaufort nach Hause transportieren kannst!

Das Gehege

Hamster brauchen Gehege mit viel Bodenfläche, um aufzuleben und glücklich zu sein. Die im Handel erhältlichen Hamsterkäfige sind typischerweise zu klein und nicht auf das natürliche Verhalten eines Hamsters ausgerichtet. Suche nach einem Gehege mit mindestens 600 Quadratzentimetern ununterbrochener Bodenfläche. Je mehr Platz du bieten kannst, desto besser! Fülle das Hamstergehege mit Pappkartons, umgedrehten Einmachgläsern zum Hineinkriechen, Versteckhäuschen, großen Röhren zum Durchkriechen und anderen Beschäftigungsmöglichkeiten. Ein leeres Gehege mit wenig Beschäftigungsmöglichkeiten wird deinen Hamster nur langweilen und stressen.

JESSICA BRESLER
Poppy Bee Hamstery

Es gibt eine große Auswahl an Behausungen für deinen Hamster. Diese reichen von einfachen, einstöckigen, rechteckigen Drahtkäfigen bis hin zu aufwendigen, mehrstöckigen Kunststoffpalästen mit Rampen oder Röhren, durch die dein Haustier von einer Ebene zur anderen gelangen kann. Viele Gehege werden als Teil eines komplett-Paket mit allem verkauft, was du für deinen Hamster brauchst, wie Laufrad, Trinkflasche, Futternäpfe und sogar Einstreu.

Es ist verständlich, wenn du bei diesem Käfig...

...an die typische Unterkunft für einen Hamster denkst.

Dies ist die Art von Gehege, die du oft in Zoohandlungen auf der ganzen Welt siehst. Das Verwirrendste, was du als Haustierbesitzer lernen wirst, ist, **dass nicht alle im Handel erhältlichen Produkte für dein Haustier geeignet sind**. Manchmal sind die Produkte sogar regelrecht gefährlich!

Käfige und Gehege müssen aus hartem Draht, Edelstahl, Glas oder Kunststoff bestehen, da Hamster starke Zähne haben und sich durch Gehege aus weicheren Materialien durchnagen können.

Käfige mit Gitterstäben erscheinen als naheliegende Option für ein

Hamstergehege. Die Stäbe ermöglichen eine freie Luftzirkulation in den Käfig hinein und aus ihm heraus, was Feuchtigkeit, Kondensation und Schimmelbildung verhindert. Gitterkäfige sind leicht zu reinigen und können gewaschen, desinfiziert und getrocknet werden.

Der Nachteil von Käfigen mit Gitterstäben ist, dass die meisten Hamster aus verschiedenen Gründen an den Stäben nagen. Wenn der Draht lackiert ist, bedeutet dies, dass die Hamster den Lack von den Stäben abnagen können, was gefährlich ist da der Lack oft giftig ist. Allerdings gibt es bei vielen Hamsterkäfigen auch nagefeste beschichtete Drähte. Wenn

TIPP
Nächtliche Geräusche

Hamster haben eine unglaublich schlechte Sehkraft und verlassen sich bei der Orientierung in ihrem Lebensraum auf ihren Geruchssinn, Tastsinn und ihre Schnurrhaare. Obwohl diese flauschigen Geschöpfe nachtaktiv sind, benötigen sie kein Licht zum Sehen. Es mag verlockend sein, den Hamsterkäfig im Schlafzimmer hinzustellen, jedoch ist diese Anordnung möglicherweise weder für dich noch für deinen Hamster optimal. Hamster brauchen tagsüber einen ruhigen Ort zum Schlafen und sind nachts sehr aktiv, was deinen Schlaf beeinträchtigen könnte. Stelle deinen Hamster stattdessen lieber in einen Raum, der wenig Tageslicht erhält und während der Schlafzeit deines Hamsters ruhig ist.

du feststellst, dass dein Hamster an den Gitterstäben nagt, kannst du ihm etwas Interessanteres im Käfig anbieten- so lenkst du ihn davon ab und gibst ihm eine bessere Alternative zum Nagen.

Die Abstände zwischen den Stäben können auch für deinen Hamster gefährlich sein. Der Abstand zwischen den Stäben sollte nicht mehr als 1,3 cm betragen. Ein junger Dsungarischer Zwerghamster kann durch die Stäbe von scheinbar sicheren Käfigen mit Standardabständen schlüpfen. Sie können entkommen oder zwischen den Stäben eingeklemmt werden. Stelle sicher, dass die Türen und alle anderen Öffnungen sicher sind und dass es keine Lücken um sie herum gibt, die größer als 1,3 cm sind. Glaub mir, es macht keinen Spaß, zu entdecken, dass dein Haustier durch die Gitterstäbe entkommen ist!

Ein weiterer Punkt, den du vor dem Kauf eines Geheges beachten solltest, ist die Bodentiefe ist und wie leicht der Boden sich zur Reinigung entfernen lässt. Auch wenn ein Haushamster nie in freier Wildbahn gelebt hat, hat er immer noch Instinkte wie das Graben. Es wird empfohlen, dass das die Gehegetiefe mindesten 15 cm betragen sollte. Dieser wird mit Einstreu gefüllt, damit dein Hamster seinem natürlichen Instinkt zum Graben nachkommen kann, damit er geistig aktiv und glücklich bleibt.

Hamster knabbert an Gitterstäben

Einer der wichtigsten Punkte bei der Entscheidung für ein Gehege für dein Haustier ist die Größe. Dies hängt von mehreren Faktoren ab: den Bedürfnissen deines Hamsters, ob es mehr als einen Hamster beherbergen soll und wo es in deinem Haus aufgestellt werden soll. Einige in Zoohandlungen verkaufte Käfige sind kaum 8.200 Kubikzentimeter groß. Das ist für einen Hamster nicht geeignet. Es ist grausam, einen Hamster, der durchschnittlich acht Kilometer pro Nacht läuft, in einem so kleinen Gehege zu halten. Unabhängig davon, ob du deinem Hamster ein Laufrad zur Verfügung stellst, ist ein so kleines Gehege weder sicher noch geeignet. Ein Hamstergehege sollte mindestens 5.000 Quadratzentimeter Grundfläche haben. Dies kann über mehrere Ebenen verteilt sein. Wenn die Käfiggröße nicht angegeben ist, kannst du sie berechnen, indem du die Länge und Breite des Geheges mit der Anzahl der Ebenen multiplizierst, zu denen der Hamster Zugang hat.

Achte darauf, dass die Höhe jeder Ebene mindestens 45 cm beträgt, jedoch sind 60 cm am besten. Dadurch können mehrere Zentimeter Einstreu gestreut werden und ein Laufrad untergebracht werden.

Ein Aquariumkäfig – im Grunde ein Glas- oder Plexiglasaquarium mit einem fest sitzenden, aufklippbaren Drahtgitterdeckel – ist eine gute Option, da er praktisch ausbruchsicher ist, wenn der Deckel sicher ist. Außerdem kann die Einstreu nicht aus dem Käfig herausfallen, was hilft die Umgebung sauber zu halten. Der Nachteil dieser Art von Gehege ist, dass es nicht so leicht zu reinigen ist wie ein Gehege mit abnehmbarem Boden, sodass der gesamt Aquariumkäfig gereinigt werden muss. Glasaquarien sind schwer und zerbrechen, wenn sie fallen gelassen werden. Zudem ist es wichtig, sicherzustellen, dass ein Glas- oder Plexiglasgehege ausreichend belüftet ist. Auf dem Drahtgitterdeckel sollte nichts platziert werden, was den Luftstrom behindern könnte.

Foto Von Finn Alford

Es ist möglich, Gehege in oder mit Möbeln zu gestalten, um dem Hamster einen großen Raum zu bieten welcher gleichzeitig ästhetisch zur Wohnung passt. Zum Beispiel können Möbel wie Sideboards und Schränke verwendet werden, um wunderbare Lebensräume zu schaffen. Beachte jedoch, dass diese möglicherweise nicht sicher für Hamster sind, wenn die Möbel mit Farbe oder Lack behandelt wurden oder das Holz, aus dem sie gebaut sind, mit irgendeiner Art von Chemikalie behandelt wurde. Der Hamster könnte an diesem Holz nagen, und das wäre giftig für ihn. Selbst wenn dein Haustier nicht am Holz nagt, könnten Produkte wie Lack den Hamster krank machen. Wenn das Gehege aus Holz besteht, wird es außerdem angenagt und muss möglicherweise irgendwann ersetzt werden.

Crittertrail-Käfige werden für Hamster nicht empfohlen, da sie in der Regel zu klein sind und nicht genügend Bodenfläche bieten, damit der Hamster herumlaufen kann. Darüber hinaus ist das mit diesen Produkten mitgelieferte Laufrad für größere Hamsterrassen wie Goldhamster zu klein. Außerdem besitzen die Röhren, die die Wege bilden, zahlreiche Verbindungsstellen, an denen sich durch den normalen Schmutz, der beim Herumlaufen des Hamsters entsteht, Bakterien ansammeln und vermehren können. Diese übermäßige Vermehrung von Bakterien kann Krankheiten beim Hamster verursachen.

Das Bild unten zeigt einen Käfig mit sicheren Gitterstäben und ausreichend Platz für jeden Hamster, unabhängig von seiner Größe.

Schlafbereich

Experten raten dazu, mindestens zwei Schlafbereiche für deinen Hamster zur Auswahl zu stellen. Oft sind die Schlafhütten, die mit einem Hamsterkäfig geliefert werden, klein und aus Kunststoff. Dein Hamster wird diese je nach Persönlichkeit vielleicht nutzen, aber es ist aus zwei Gründen unwahrscheinlich:

1. Eine Plastikhütte ist einschränkend. Hamster beschäftigen sich gerne damit, Einstreu in ihrem Schlafbereich hinzuzufügen oder umzuordnen und manchmal Futter darin zu lagern. Eine kleine Hütte bedeutet, dass sie nicht tun können, was für sie natürlich ist. Die Gesamtgröße der Plastikhütte und die Abmessungen ihrer Tür sind manchmal lächerlich klein – kaum groß genug, dass ein Zwerghamster hineinschlüpfen kann, geschweige denn der Goldhamster, für den sie angeblich geeignet sein soll.

2. Eine Plastikhütte bietet zwar Sicherheit und wird wahrscheinlich nicht zerkaut oder angenagt (wie ein Holz- oder Papphaus), bietet Wärme, kann aber auch Kondensation fördern. Dies kann dazu führen, dass darin gelagertes Futter schimmelt.

Obwohl ich nicht viel Gutes über Plastikhütten zu sagen habe, bedeutet das nicht, dass dein Hamster ganz Gehege untergebracht werden sollte. Hamster wollen natürlicherweise, dass ihr Schlafbereich sicher und geschützt ist. Daher brauchen sie irgendeine Art von Behausung. Diese kann so ausgefallen sein wie eine Holzhütte (die auch als Kauspielzeug dient) oder so einfach wie eine Pappschachtel aus deinem Recycling, wie eine Taschentuchbox. Du wirst sie wahrscheinlich häufig ersetzen müssen, da der Hamster sie eventuell zerkauen wird. Persönlich verwende ich eine Kokosnussschale, die groß genug ist, dass mein Hamster hineinpasst.

Foto Von Molly Abrahams

Einstreu

Entgegen der Meinung mancher Leute sind Hamster äußerst ordentliche Geschöpfe und mögen ein sauberes Zuhause. Die Einstreu sollte immer warm und trocken sein. Dies bedeuet, dass du schmutzige Einstreu entfernen musst, und deinem Hamster bei Bedarf frische Einstreu zur Verfügung stellst. Dies kann flauschige, watteähnliche Einstreu oder Einstreu auf Papierbasis sein. Zudem bieten Taschentücher deinem Hamster großartige Unterhaltung. Er wird Stunden damit verbringen, sie in Fetzen zu reißen und sein Bett damit auszukleiden.

Espenhobel sind die am besten geeignete Art von Einstreu. Zedernholz- und Kiefernspäne sind ebenfalls erhältlich, sollten aber nicht als regelmäßige Einstreu verwendet werden, da sie Atemprobleme bei deinem Hamster verursachen können. Es gibt eine Vielzahl anderer Materialien, die als Einstreu für Hamster geeignet sind, wobei kommerzielle Einstreu in Zoohandlungen erhältlich ist. Für größere Hamster ist eine Einstreu von mindestens 25 cm ideal. Dabei sollte die Einstreu den größten Teil, wenn nicht den gesamten Boden des Geheges bedecken. Dies ermöglicht dem Hamster, zu graben, wie er es in freier Wildbahn tun würde. Bestimmte Einstreumaterialien wie Espenspäne, Hanfspäne und Care Fresh sind möglicherweise nicht stabil genug, um zu verhindern, dass die Tunnel einstürzen. Schichten aus weichem Heu zwischen der weichen Einstreu tragen zur besseren Stabilität der Tunnel bei. Auch das Verdichten der Einstreu hilft, Tunnel zu erhalten.

Foto Von
Crystal Strickland

Futter und Wasser

Futternäpfe sollten schwer genug sein, damit der Hamster sie nicht umkippen kann. Idealerweise sollten sie aus Porzellan oder Keramik bestehen. Die meisten Kunststoffnäpfe sind zu leicht, und Hamster kippen das Futter um, um die schmackhaftesten Stücke zu finden, die möglicherweise am Boden liegen. Dies verschwendet Futter, da Hamster oft kein Futter fressen wollen, das mit ihrer Einstreu vermischt ist. Außerdem sind Kunststoffnäpfe gefährlich zum Benagen, auch wenn sie preiswert und leicht zu reinigen sind. Holznäpfe werden angenagt und können gefährlich sein, je nachdem, ob das Holz bemalt oder behandelt wurde. Sie müssen auch ersetzt werden, wenn der Hamster zu viel daran nagt. Außerdem können sie nicht richtig desinfiziert werden, da das Holz porös ist und Flüssigkeiten aufnimmt – einschließlich potenziell giftiger Desinfektionsmittel.

Keramik- oder Porzellannäpfe können richtig gewaschen, desinfiziert und wieder befüllt werden. Zudem sind sie schwer und werden weniger wahrscheinlich umgekippt. Achte darauf, dass der Napf nicht so tief ist, dass dein Hamster keinen leichten Zugang zum Futter hat. Wenn der Napf zu tief ist, können kleinere Hamster möglicherweise nicht leicht ein- und aussteigen, besonders wenn sie jung sind. Denk daran: nur weil etwas für einen Hamster in einer Zoohandlung verkauft wird, macht es

Futternapf

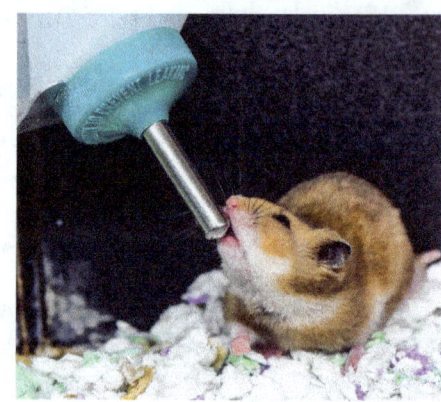

Wasserflasche

das nicht sicherer oder geeigneter. Wenn du feststellst, dass der Napf den du hast zu tief ist, kannst du ihn in die Einstreu einbetten. Dies könnte es dem Hamster erleichtern, aus dem Napf zu fressen.

Trinkflaschen können aus Glas oder Kunststoff bestehen. Achte darauf, dass die Größe der Flasche angemessen ist und sie ordnungsgemäß an der Seite des Geheges befestigt ist um zu vermeiden dass sie abfällt und der Hamster kein Wasser hat. Trinkflaschenabdeckungen können hilfreich sein, da sich in Trinkflaschen, die Sonnenlicht ausgesetzt sind, grüne Algen bilden können, die zwar nicht giftig oder schädlich sind, aber ein Albtraum sein können, wenn man sie entfernen muss oder verhindern will, dass sie nachwachsen. Wenn dies passiert, müsstest du möglicherweise eine neue Flasche kaufen.

Wenn du das Wasser alle paar Tage wechselst, überprüfe immer, ob die Düse funktioniert. Zum Beispiel habe ich gesehen, wie ein Hamster schrecklich krank wurde, weil er keinen Zugang zu Wasser hatte, da die Kugel im Mundstück stecken blieb und kein Wasser durchließ. Hamster brauchen, wie alle Tiere, uneingeschränkten Zugang zu Wasser.

Reinigung des Geheges

Die Käfigreinigung ist ein Muss. Hamster horten alles, daher musst du regelmäßig ihren Käfig reinigen. Sie werden vielleicht sehr wütend auf dich sein, weil du ihr Zuhause ruinierst, aber keine Sorge – es wird ihnen später etwas zu tun geben, wenn sie ihr Heim ‚wiederaufbauen'! Wir empfehlen, den Käfig etwa einmal im Monat vollständig zu leeren und gründlich zu reinigen.

CINDY CRIBBS
Haven for Hamsters Rescue & Sanctuary

Das Gehege deines Hamsters sollte täglich gezielt gereinigt werden. Damit meine ich, dass du die Einstreu in der Ecke entfernen solltest, die der Hamster als Toilette benutzt. Dein Haustier wird von sich aus eine

Ecke weit von seinem Bett entfernt als Toilette auswählen.

Hamster werden alles aus ihrem Schlafbereich herausschieben, was sie dort nicht haben wollen – altes Futter usw. Achte darauf, Gemüse oder Obst zu entfernen, welches länger als einen Tag im Gehege war. Wenn du dies tust, das Futter täglich ersetzt und das Wasser alle paar Tage wechselst, kannst du länger musst du nicht so häufig wie gedacht eine vollständige Gehegereinigung durchführen.

Wenn es Zeit ist, das gesamte Gehege zu reinigen, bringe den Ham-

Foto Von
Molly Abrahams

ster an einen sicheren Ort. Ich setze meinen Zwerghamster in die Badewanne (natürlich leer!) setze einen Stöpsel ein und entferne alle möglichen Kletterhilfen, wie Duschvorhänge oder Handtücher, die über den Rand der Wanne hängen. Hamster sind kreativ, und sie sind erstaunliche Akrobaten! Ich lege den Boden der Wanne mit Zeitungspapier aus und stelle Toilettenpapierrollen oder Küchenpapierrollen als Tunnel und kleine offene Schach-

Foto Von Tina Keefe

teln auf, damit der Hamster diese erkunden kann, während ich den Käfig reinige.

Verwende Wasser, Spülmittel und tierfreundliche Desinfektionsmittel, um das Gehege zu reinigen. Solange die Einstreu und Späne natürlich sind, kannst du sie im Komposteimer entsorgen. Wenn sie aus etwas anderem bestehen, entsorge sie im Müll. Wasche alle Kunststoff- oder Keramikgegenstände und trockne sie vollständig, bevor du alles im Gehege anordnest. Bewahre etwas von der Einstreu auf (die saubersten Teile, die du finden kannst), damit das Gehege für dein Haustier vertraut riecht, was es einladender macht. Hamster mögen den Komfort ihres eigenen Geruchs, und etwas alte Einstreu in ein frisch gereinigtes Gehege zu geben, kann ihren Stress reduzieren.

KAPITEL 3

Hamsterernährung und Diät

O bwohl sie zu den Nagetieren gehören, sind Hamster keine Pflanzenfresser, sondern Allesfresser, was du vielleicht nicht vermutet hättest. Ein Beutel mit ernährungsphysiologisch vollständigem Trockenfutter, das speziell für Hamster entwickelt wurde, reicht grundsätzlich für eine gesunde Ernährung deines Haustieres aus. Wenn du jedoch Gemüse, Obst und etwas Protein hinzufügst, wird dein Hamster richtig aufblühen. Manche in der Hamster-Community empfehlen

Nahrungsergänzungsmittel, diese sind jedoch bei einer wirklich ausgewogenen Ernährung nicht notwendig.

Füttere deinen Hamster einmal täglich mit seinem Trockenfuttermix. Zusätzlich kannst du zu jeder Tageszeit Gemüse, Obst und Protein hinzufügen.

Wie viel du deinem Hamster fütterst, hängt von seiner Art, seinem Gewicht und seinem Alter ab. Ein Goldhamster benötigt etwa zwei Esslöffel Mix pro Tag. Zwerghamster brauchen nur etwa einen Esslöffel pro Tag. Wenn dein Hamster sein Futter nicht innerhalb eines Tages aufisst oder er rundlich wird, fütterst du zu viel. Wenn er sein gesamtes Futter innerhalb eines Tages frisst, solltest du ihm vielleicht etwas mehr geben.

Eine einfache Formel für eine vollständige Hamsterernährung ist wie folgt:

Der Mix

Basis-Mix	Gemüse/Kräuter	Protein	Obst
65%	15–20%	10–15%	5%
2 TL täglich (syrische oder chinesische)/ 1 TL täglich (Zwergarten)	2 oder 3 Scheiben/Würfel: /Sprossen	2 oder 3 Nüsse/ Mehlwürmer/ 1/4 Ei (halb so viel für Zwergarten)	ein Stück—weniger für Zwergarten

Handelsübliches Hamster-"Kibble"-Futter enthält häufig unnötige Füllstoffe, Zucker und Fette, die deinen Hamster zunehmen lassen könnten. Einige Experten empfehlen, deinen Hamster mit einem Pellet-Mix zu füttern, um selektives Fressen zu verhindern; andere sagen, dass es bei einem wirklich ausgewogenen Mix keine Rolle spielen sollte, wenn Hamster wählerisch sind. Von Natur aus sind Hamster Futtersucher und genießen es, in ihrem Futter zu stöbern.

Die Zusammensetzung des Hamstermixes variiert je nach Hamsterart, für die er vorgesehen ist. Goldhamster haben andere Bedürfnisse als Zwerghamster oder Roborowski-Hamster. Goldhamster stammen ursprünglich aus Gebieten, in denen verschiedene Getreidesorten angebaut wurden, darunter Weizen, Hafer und Roggen. Roborowski-Hamster hingegen stammen aus einem trockeneren Gebiet und bevorzugen kleinere und vielfältigere Samen in ihrem Mix.

Foto Von
Brooklyn Wegner

Viele überrascht es, dass Hamster auf tierisches Protein angewiesen sind. Auch wenn dies nur 10% bis 15% ihrer Ernährung ausmachen muss, ist es ein notwendiger Bestandteil. Dafür kannst du dein Haustier eine kleine Menge gekochtes Ei, einige Mehlwürmer oder Nüsse füttern. Beachte jedoch, dass Nüsse einen hohen Fettgehalt haben und dein Hamster dadurch zunehmen kann.

Gemüse, Kräuter und Obst

Foto Von
Tracy Paul

In freier Wildbahn würden Zwerghamster natürlicherweise kein Obst in ihrer Ernährung haben, Goldhamster hingegen schon. Vermeide abgepackte Lekkerbissen für deinen Hamster, da sie voller Füllstoffe und Zucker sind. Ergänze stattdessen das tägliche Futter deines Hamsters mit Obst als Belohnung. Unten findest du eine Tabelle mit möglichem Gemüse und Kräutern für die tägliche Ernährung deines

Hamsters sowie Obst, das als Leckerbissen dienen kann.

Sicheres Gemüse und Kräuter

Rucola	Ingwer
Artischocke	Grüne Bohnen
Spargel	Grünkohl
Rote Bete	Pilze
Basilikum	Minze
Paprika	Pastinaken
Pak Choi	Erbsen
Brokkoli	Kartoffeln (gekocht)
Rosenkohl	Kürbis
Kohl	Radicchio
Karotten	Römersalat
Blumenkohl	Sojabohnen
Sellerie	Petersilie
Mais	Spinat
Gurken	Kürbis
Dill	Salbei
Edamame	Süßkartoffel (gekocht)
Endivie	Mangold
Fenchel	Zucchini

Geeignetes Obst

Kiwi	Kumquats
Äpfel (ohne Kerne)	Litschis
Aprikosen	Mangos
Bananen	Nektarinen
Brombeeren	Papayas
Heidelbeeren	Passionsfrucht
Cantaloupe	Pfirsiche (ohne Kerne)
Kirschen (ohne Kerne)	Birnen
Preiselbeeren	Ananas
Johannisbeeren	Pflaumen (ohne Kerne)
Datteln	Granatapfel
Holunderbeeren	Himbeeren
Feigen	Sternfrucht
Stachelbeeren	Erdbeeren
Weintrauben (ohne Kerne)	Tomaten (reif)
Guave	Wassermelone
Honigmelone	

Du wirst bemerken, dass die meisten Samen und Kerne von Obst nicht an dein Haustier verfüttert werden sollten, und du fragst dich vielleicht, warum. Mögen Hamster nicht eigentlich Samen? Das Problem ist, dass einige Obstsamen und -kerne Zyanid enthalten, welche giftig für Hamster sind. Ein Mensch müsste zwar viele Samen und Kerne essen, um sich unwohl zu fühlen, aber dein Hamster ist im Vergleich zu dir winzig, und die Chance ist hoch, dass die Menge an Zyanid in nur wenigen Samen ausreichen würde, um dein Haustier zu töten. Die Kerne und Samen enthalten außerdem keine ernährungsphysiologisch wertvollen Nährstoffe und stellen eine Erstickungsgefahr dar.

Es gibt eine Reihe von Lebensmitteln, die du deinem Hamster NIEMALS füttern solltest. Ich habe sie in der Tabelle unten aufgelistet. Diese Lebensmittel sind entweder schlecht für die Hamstergesundheit (können zu Fettleibigkeit oder Diabetes führen) oder sie sind giftig/schädlich (die fettgedruckten Elemente) und könnten zum Tod deines Haustieres führen. Es ist leicht, einen Fehler zu machen, also sei vorsichtig!

Hamsterfutter-Tabus!

Rotes Fleisch	Schinken/Aufschnitt
Fettige Fertiggerichte	**Zitrusfrüchte**
Schokolade	**Mandeln**
Rhabarber oder Rhabarberblätter	**Rohe Bohnen**
Zwiebeln	Jegliche zuckerhaltige Lebensmittel
Knoblauch	Alles Salzige
Ungekochte Kartoffeln	**Obstkerne/-samen**

Die Relevanz von sauberem, frischem Wasser

Wie bereits erwähnt, muss dein Hamster immer Zugang zu sauberem, frischem Wasser haben. Das Wasser sollte mindestens alle paar Tage gewechselt werden und die Kugel in der Düse sollte zweimal täglich überprüft werden, um sicherzustellen, dass sie funktioniert und Wasser abgibt.

KAPITEL 4

Hamstergesundheit

Häufige Hamsterkrankheiten

Einen Tierarzt zu finden, der tatsächlich weiß, wie man Hamster behandelt, ist ein absolutes Muss. Nicht jeder Tierarzt weiß, wie man Hamster versorgt, und nur weil eine Rezeptionistin sagt, dass sie Hamster behandeln, heißt das nicht, dass sie wirklich wissen, wie man sie behandelt. Frage im Zoofachgeschäft, welchen Tierarzt sie empfehlen oder erkundige dich online in Hamstergruppen. Es ist sehr wichtig, einen gut qualifizierten Tierarzt für deinen Hamster zu haben, denn oft hast du nur ein sehr kurzes Zeitfenster für die Behandlung, sobald dein Hamster krank ist.

CINDY CRIBBS

Haven for Hamsters Rescue & Sanctuary

Der Schwerpunkt dieses Kapitels liegt darauf, dich auf Anzeichen und Symptome aufmerksam zu machen, die darauf hindeuten, dass es deinem Hamster möglicherweise nicht gut geht. Wenn dein Hamster Anzeichen einer Krankheit zeigt, wende dich sofort an deinen Tierarzt. Versuche nicht, deinen Hamster zu behandeln, ohne tierärztlichen Rat einzuholen. Halte deinen Hamster so bequem wie möglich, bis dein Tierarzt ihn untersuchen kann.

„Nasser Schwanz"

Nasser Schwanz ist eine der häufigsten Krankheiten, die Goldhamster befallen. Ohne Behandlung kann ein Hamster innerhalb weniger Tage sterben. Es wird „nasser Schwanz" genannt, weil das auffälligste Symptom Nässe um den Schwanz und das Hinterteil ist, verursacht durch den Durchfall, der diese Krankheit kennzeichnet. Es wird aussehen, als hätte dein Hamster in einer Pfütze gesessen.

Ursachen
Nasser Schwanz wird durch eine bakterielle Überwucherung im Darm verursacht. Stress ist die Hauptursache für die Überproduktion von Bakterien, die dazu führt, dass die Darmumgebung aus dem Gleichgewicht gerät.

Symptome
Die Symptome sind Appetitlosigkeit, Dehydrierung, Feuchtigkeit am Po, Schwanz und Bauch, verminderte Aktivität und Gewichtsverlust. Dein Hamster könnte eines dieser Symptome oder eine Kombination aus mehreren haben.

Behandlung
Der Hamster sollte sofort von einem Tierarzt untersucht werden, um Flüssigkeiten und/oder Antibiotika zu erhalten. Wasche zu Hause den verschmutzten Schwanz und Bauch regelmäßig mit einer Kochsalzlösung wenn der Hamster Durchfall hat um zu verhindern, dass die Bakterien erneut aufgenommen werden wenn dein Haustier versucht, sich zu reinigen. Lasse den Hamster so viel wie möglich in Ruhe und in einer möglichst stressfreien Umgebung.

Lungenentzündung

Eine Lungenentzündung ist eine bakterielle oder manchmal virale Infektion der Lunge, die Entzündungen und Atemschwierigkeiten verursacht. Obwohl Lungenentzündungen bei Hamstern nicht häufig vorkommen, sind sie nach dem nassen Schwanz die zweithäufigste potenziell tödliche Krankheit bei diesen Tieren.

Ursachen

Die Bakterien, die eine Lungenentzündung verursachen, sind normalerweise in kleinen Mengen im Atmungs- oder Verdauungssystem vorhanden. Diese Bakterien können sich vermehren und zu Krankheiten führen, wenn der Hamster durch plötzliche Veränderungen in seiner Umgebung gestresst wird – insbesondere durch Temperaturschwankungen. Stress erschwert es dem Körper des Hamsters, die Infektion zu bekämpfen.

Symptome

Dein Hamster kann Ausfluss aus Nase oder Augen, Atembeschwerden, Appetitlosigkeit und Lethargie haben.

Behandlung

Wenn du vermutest, dass dein Hamster eine Lungenentzündung haben könnte, suche sofort deinen Tierarzt auf. Dein Tierarzt kann eine Lungenentzündung durch Untersuchung deines Haustieres oder durch Labortests diagnostizieren. Oft ist die Behandlung nicht wirksam, aber Antibiotika können in leichten Fällen helfen. Zudem können Flüssigkeiten per Injektion verabreicht werden.

Sobald dein Hamster zu Hause ist, kannst du seine Genesung unterstützen indem du sein Habitat warm, sauber und trocken hältst und sicherstellst, dass nichts dein Haustier stresst. Wenn er Käfiggenossen hat, isoliere deinen Hamster beim ersten Anzeichen einer Krankheit und reinige sofort das Habitat, in dem die anderen Hamster leben.

Erkältungen

Hamstererkältungen sind menschlichen Erkältungen sehr ähnlich. Es ist wichtig, dass du dein Fellknäuel nicht anfasst, wenn du krank bist, weil du deine Erkältung auf deinen Hamster übertragen kannst! Die Virusmenge, die eine Erkältung bei einem Hamster verursacht, ist nicht stark genug, um dich krank zu machen, aber eine Erkältung bei einem

Hamster kann zum Tod führen.

Ursachen

Ein Hamster kann sich erkälten, wenn er von jemandem gehalten wird, der krank ist, oder wenn er sich in der Nähe anderer kranker Tiere befindet (wie in einem Zoogeschäft).

Symptome

Wenn der Hamster krank ist, kann er lethargisch wirken. Seine Ohren können flach am Kopf anliegen. Seine Nase könnte geschwollen sein, oder es könnte Ausfluss aus den Nasenlöchern geben. Um die Augen herum könnte es feucht aussehen. Wenn die Erkältung besonders schlimm ist oder die Krankheit fortgeschritten ist, kann der Hamster dünn aussehen, sein Fell wird zerzaust und stumpf sein, und du kannst sogar ein Niesen oder Husten hören.

Behandlung

Desinfiziere den Käfig sofort – die Wasserflasche, die Näpfe, alles. Wechsle auch die Art der Einstreu, die du verwendest. Manchmal kann das, was wie eine Erkältung erscheint, eine allergische Reaktion auf die Einstreu sein.

Es ist besser auf Nummer sicher zu gehen, also triff alle Vorsichtsmaßnahmen wenn du vermutest, dass dein Hamster eine Erkältung haben könnte. Stelle den Käfig an einen wärmeren Ort, um Zugluft zu vermeiden, da kranke Hamster schnell Körperwärme verlieren können. Stelle sicher, dass viel zusätzliche Einstreu verfügbar ist. Biete deinem Hamster hochwertiges Futter an, um sein Immunsystem zu stärken. Warme Milch oder Babynahrung fügt der Ernährung deines Hamsters mehr Kalorien für Energie hinzu. Einige Experten empfehlen, einige Tropfen Lebertran auf das Futter zu geben, um die Genesung zu unterstützen, aber hole tierärztlichen Rat ein, bevor du dies tust. Wenn dein Hamster nicht innerhalb von ein oder zwei Tagen reagiert, wende dich an deinen Tierarzt.

Verstopfung

Verstopfung kann ein ernstes Gesundheitsproblem für deinen Hamster sein, da sie auf eine lebensbedrohliche Darmblockade hinweisen kann. Du könntest bemerken, dass es weniger oder keine Kotbällchen in der Ecke gibt, die dein Hamster normalerweise als Toilette benutzt. Wenn du mehr als ein paar Tage lang keine Kotbällchen bemerkst, rufe deinen Tierarzt an.

Ursachen

Verstopfung kann dadurch verursacht werden, dass der Hamster nicht genügend Wasser trinkt, wenn seine Ernährung hauptsächlich aus trockenen Pellets besteht. Die trockenen Pellets quellen im Darm deines Hamsters auf, und wenn nicht genügend Wasser vorhanden ist, um sie abzubauen, kann dies zu einer Blockade führen. Wir werden gleich über Dehydrierung sprechen.

Behandlung

Überprüfe die Wasserflasche des Hamsters um sicherzustellen, dass sie Wasser enthält und dass die Kugel in der Düse funktioniert. Du könntest erwägen, mehrere Flaschen auf verschiedenen Ebenen im Habitat deines Hamsters zu platzieren, um zusätzliche Möglichkeiten zum Trinken zu bieten. Dies hilft auch, das Problem einer leeren oder nicht funktionierenden Flasche zu vermeiden. Stelle sicher, dass du das Wasser mindestens alle paar Tage wechselst. Das ist ein Muss.

Biete deinem Hamster faserreiches Gemüse wie Karotten, Brokkoli und Grünkohl an. Vielleicht fügst du seinem Futter ein paar Tropfen Olivenöl hinzu, da dies ein natürliches Abführmittel ist. Wie bereits erwähnt, wenn es nach ein paar Tagen keine Besserung gibt, wende dich an deinen Tierarzt, der deinem Hamster möglicherweise ein Abführmittel verschreibt.

Diabetes

Diabetes (Diabetes mellitus) ist bei Hamstern ungewöhnlich, mit Ausnahme des Chinesischen Hamsters, besonders wenn der Hamster ein Produkt von Inzucht ist. Zwerghamsterrassen sind generell anfälliger für Diabetes. Diabetes umfasst eigentlich mehrere endokrine Erkrankungen, die alle darauf zurückzuführen sind, dass die Bauchspeicheldrüse nicht genügend Insulin produziert (als Typ-1-Diabetes bezeichnet) oder die Zellen des Körpers nicht richtig auf das produzierte Insulin reagieren (insulinresistenter Diabetes, als Typ-2 bezeichnet). Dies führt zu einem Anstieg des Blutzuckers (Glukose) im Blutkreislauf, was negative Auswirkungen auf mehrere Körperorgane und -systeme hat. Typ-2-Diabetes ist viel häufiger als Typ-1 und kann oft mit Änderungen in Ernährung und Bewegung behandelt werden. Unbehandelt kann Diabetes zu vielen anderen gesundheitlichen Komplikationen führen.

Symptome Es gibt eine Reihe von Symptomen, die darauf hindeuten, dass dein Hamster Diabetes haben könnte:

Verstärkter Appetit

Unzureichendes Insulin verursacht einen Energieverlust im Körper. Infolgedessen steigt der Appetit als Versuch, diesen Energieverlust zu kompensieren. Übermäßiges Essen löst jedoch nicht das Insulinproblem.

Übermäßiger Durst/Trinken

Wenn der Glukosespiegel im Blutkreislauf deines Hamsters ansteigt, werden seine Nieren überfordert. Die Nieren scheiden diese hohen Glukosemengen in den Urin aus. Dieser Prozess erfordert mehr als die übliche Wassermenge aus dem Körper, was bedeutet, dass dein Hamster ständig durstig sein wird.

Übermäßiges Urinieren

Da dein Hamster mehr Wasser trinkt, wird er viel häufiger und in größeren Mengen als normal urinieren.

Hyperaktivität und/oder Energiemangel

Da Diabetes den Stoffwechsel und andere Aspekte des Körpers deines Hamsters beeinflusst, schwanken die Energieniveaus. Das bedeutet, dass dein Hamster manchmal hyperaktiv sein kann und zu anderen Zeiten lethargisch sein wird.

Gewichtsverlust

Da Glukose nicht als Energiequelle verfügbar ist, wird der Körper deines Hamsters Fett- und Muskelgewebe als Energiequelle nutzen. Wenn der Diabetes nicht behandelt wird, führt dies zu Gewichtsverlust und Muskelschwund. Obwohl dein Haustier möglicherweise mehr Nahrung zu sich nimmt, kann die Energie aus dieser Nahrung von seinem Körper nicht genutzt werden.

Urin riecht süß

Überschüssige Glukose im Urin führt dazu, dass der Urin süßlich riecht, was ein häufiger Indikator dafür ist, dass der Hamster Diabetes hat.

Wenn du eines dieser Symptome siehst, insbesondere übermäßiges Trinken und Urinieren, gibt es einige Schritte die du zu Hause unternehmen kannst um festzustellen, ob dein Hamster möglicherweise Diabetes hat. Es gibt ein Produkt namens Keto-Diastix, das rezeptfrei in Apotheken erhältlich ist. Dies testet den Urin auf das Vorhandensein von Glukose oder Ketonen.

Um den Test durchzuführen, setze deinen Hamster in eine leere Plastikbox und warte, bis er uriniert. Dies sollte nicht lange dauern, wenn er Diabetes hat, aufgrund seiner erhöhten Wasseraufnahme. Tauche den Teststreifen in den Urin und vergleiche die Farbe des Urins auf dem Streifen mit der Tabelle auf der Keto-Diastix-Verpackung. Wenn Glukose oder Ketone im Urin vorhanden sind, deutet dies darauf hin, dass dein Haustier Diabetes hat, und es ist Zeit, deinen Tierarzt aufzusuchen. Selbst wenn der Test keinen Diabetes anzeigt, ist es gut, deinen Tierarzt zu konsultieren, wenn dein Hamster die oben genannten Symptome hat.

Behandlung

Wie bereits erwähnt, kann Diabetes bei Hamstern mit Ernährung, Gewichtsmanagement und, falls nötig, Medikamenten behandelt werden. Diabetische Hamster müssen immer Zugang zu viel frischem Wasser haben, und ihre Gehege müssen häufiger gereinigt werden als bei einem Hamster, der keinen Diabetes hat. Dies liegt daran, dass überschüssige Glukose in seinem Urin leicht zu der Vermehrung von Bakterien führen kann und deinen Hamster anfälliger für Blasenentzündungen macht.

Diabetische Hamster benötigen eine eingeschränktere Ernährung als gesunde Hamster, aber die Ernährung muss dennoch ausgewogen sein. Überprüfe, was du deinem Hamster gefüttert hast. Alle Lebensmittel, die viel Zucker enthalten – nicht nur zugesetzten Zucker, sondern auch natürlich vorkommende Zucker wie Fruktose in Obst oder Maissirup – sollten vermieden werden. Es gibt kommerzielle Hamstermischungen, die keinen zugesetzten Zucker enthalten, arm an natürlichen Zuckern sind und eine ernährungsphysiologisch ausgewogene Ernährung unterstützen. ‚Hazel Hamster Food‘ ist ein solches Produkt. Vermeide es, deinem Hamster im Laden gekaufte Hamsterleckerbissen zu geben, da fast alle einen hohen Zuckergehalt haben. Je weniger Zucker du deinem Hamster fütterst, desto weniger gestresst wird sein Körper sein, was bedeutet, dass er gesünder und glücklicher sein wird.

Einfache Kohlenhydrate (Kohlenhydrate) wie Zucker, die meisten Früchte, weißer Reis, Nudeln und Brot sollten ebenfalls eingeschränkt werden, da sie für den Körper eines diabetischen Hamsters schwer abzubauen und in Glukose umzuwandeln sind. Die meisten verarbeiteten

Lebensmittel – Cracker, Nudeln usw. – sind reich an einfachen Kohlenhydraten.

Komplexe Kohlenhydrate sind ein ausgezeichneter Ersatz, und es gibt viele Lebensmittel, die komplexe Kohlenhydrate enthalten, die dein Hamster lieben wird – Brokkoli, Grünkohl, zuckerarmes Obst wie Beeren, gekochter brauner Reis, gekochte Bohnen und Haferflocken.

Füttere deinen diabetischen Hamster mit einer protein- und ballaststoffreichen Ernährung. Diabetische Hamster sollten eine Ernährung haben, die 10% bis 15% Protein und 50% Ballaststoffe enthält. Ergänze ihre reguläre Hamstermischung mit Proteinquellen wie einfachem Tofu, gekochtem Huhn oder Truthahn oder Rührei. Deinem Hamster sollten am Tag nur kleine Mengen dieser Lebensmittel gegeben werden.

Gute Ballaststoffquellen sind Luzerne, Timotheusgras und Gemüse wie Brokkoli, Gurke, Blumenkohl und Spinat.

Obwohl er viel Wasser trinkt, neigt ein Hamster mit Diabetes aufgrund übermäßigen Urinierens zu Dehydrierung. Ich werde gleich darüber sprechen, wie man Dehydrierung bei deinem Hamster diagnostiziert und behandelt.

Viel Bewegung ist entscheidend, wenn dein Hamster Diabetes hat. Dein Haustier sollte ein ausreichend großes Habitat haben, damit es viel Platz zum Herumlaufen hat. Ein Laufrad ist für einen diabetischen Hamster unerlässlich, und es gibt Hinweise darauf, dass stundenlange Bewegung in einem Laufrad jede Nacht die Entstehung von Diabetes bei einigen Hamstern verhindern oder verzögern kann.

Zuletzt kann dein diabetischer Hamster von Medikamenten profitieren. Die Dosierung dieser Medikamente muss jedoch genau stimmen, sonst können schwerwiegende gesundheitliche Komplikationen oder sogar der Tod die Folge sein. Glipizid und Bockshornklee sind bekannte orale Medikamente, die für diabetische Hamster verschrieben werden, aber diese müssen von einem Tierarzt dosiert werden. Glipizid-Tabletten werden zu Pulver zerkleinert, mit Wasser gemischt und dann dem Hamster gefüttert. Bockshornklee ist in Tabletten oder Pulver erhältlich, das zu einem Tee gebraut und dem Hamster gegeben werden kann. Es kann jedoch schwierig sein, die genaue Dosierung zu regulieren.

Insulin kann auch als Behandlung für deinen diabetischen Hamster angezeigt sein. Dein Tierarzt wird dir zeigen, wie du deinem Haustier Injektionen gibst, und du wirst dies normalerweise zweimal täglich tun. Da Hamster so kleine Tiere sind, ist Vorsicht geboten, um die richtige Insulindosis zu bestimmen, und diese muss möglicherweise im Laufe der Zeit angepasst werden. Wenn der Hamster Insulin erhält, müssen seine Glukosewerte wöchentlich überprüft werden, um zu sehen, wie er auf das Medikament anspricht.

Dehydrierung

Dehydrierung bedeutet, dass die normale Wassermenge im Körper und in den Geweben des Hamsters zu niedrig ist. Da Hamster so klein sind, können sie schnell dehydrieren. Wasser geht natürlich durch Urinieren verloren, aber zu viel Wasser kann verloren gehen, wenn der Hamster Durchfall oder Diabetes hat. Dehydrierung beeinflusst alle Funktionen im Körper und kann auch das Gleichgewicht der Elektrolyte stören, was lebensbedrohlich sein kann.

Ursachen

Durchfall ist das Hauptsymptom von nassem Schwanz und ist eine Hauptursache für Dehydrierung bei Hamstern. Ein Hamster mit nassem Schwanz kann innerhalb weniger Stunden nach dem ersten Auftreten von Symptomen dehydrieren. Deshalb ist es notwendig, dass der Hamster sofort in Behandlung geht wenn du bemerkst, dass dein Hamster Durchfall hat.

Ein weiterer möglicher Grund für Dehydrierung ist,

dass der Hamster kein Wasser trinkt. Dies liegt normalerweise an einer Fehlfunktion der Wasserflasche,

bei der Wasser nicht richtig abgegeben wird, wenn der
Hamster versucht zu trinken. Deshalb ist es so wichtig zu
überprüfen, ob die Wasserflasche richtig funktioniert.

Wenn die Wasserflasche funktioniert, solltest du
als Nächstes beobachten, wie viel Wasser dein Haustier
trinkt. Um dies zu bestimmen, markiere den Wasserstand
in seiner Flasche und überprüfe ihn nach 12 Stunden. Die
meisten Hamster trinken 10 ml Wasser pro 100 Gramm
Körpergewicht pro Tag – oder etwa 10 ml für einen Hamster, der 100 Gramm wiegt. Zwergrassen trinken sehr wenig Wasser, daher kann es schwierig sein festzustellen, ob
Wasser verbraucht wird, es sei denn, die Flasche ist relativ
klein.

Übermäßiger Speichelfluss ist oft ein Anzeichen für
ein Zahn- oder Mundproblem und kann zur Dehydrierung
beitragen.

Symptome

Der Hamster erscheint teilnahmslos und schwach. Dehydrierung belastet den Körper deines Hamsters stark, daher wird er nicht aktiv sein oder sich für seine üblichen
Aktivitäten interessieren, einschließlich Essen. Er wird sich
wahrscheinlich in einer Ecke zusammenkauern oder die
meiste Zeit im Bett verbringen und schlafen. Der Hamster
kann eine trockene, warme Nase haben. Der Hamster
kann aufgrund des Wasserverlusts in seinem Körper Gewicht verloren haben.

Um zu testen ob das Tier dehydriert ist, ziehe die Haut
zwischen den Schulterblättern des Hamsters vorsichtig
von seinem Körper weg und lasse sie dann los. Beobachte,
wie schnell die Haut in ihre normale Position zurückkehrt.
Wenn sich die Haut sofort entspannt, deutet das darauf
hin, dass der Hamster gut hydriert ist. Wenn die Haut in
einer gekniffenen Form bleibt, ist der Hamster dehydriert.

Behandlung

Da Dehydrierung für Hamster tödlich sein kann, bringe dein Haustier sofort zu deinem Tierarzt, wenn du vermutest, dass es dehydriert ist. Wenn der Hamster tatsächlich dehydriert ist, wird der Tierarzt Flüssigkeiten unter die Haut des Hamsters (subkutan) verabreichen, da Hamster zu klein sind, um Flüssigkeiten durch intravenöse (IV) Infusion zu erhalten.

Wenn dein Hamster eine zugrunde liegende Erkrankung hat die Dehydrierung verursacht, wie nasser Schwanz, wird der Tierarzt Medikamente verabreichen oder dir Medikamente mit nach Hause geben, um diese Krankheit zu behandeln. In seltenen Fällen muss dein Haustier möglicherweise ins Krankenhaus eingeliefert werden, um die Ursache der Dehydrierung zu bestimmen.

Wenn dein Hamster Anzeichen von Dehydrierung zeigt und du dein Haustier nicht sofort zu einem Tierarzt bringen kannst, hier sind einige Dinge, die du zu Hause tun kannst, bis es von einem Experten untersucht werden kann.

- Ersetze sein Trinkwasser durch ungesüßtes Pedialyte oder eine andere Elektrolytlösung. Pedialyte ist in den meisten Lebensmittelgeschäften erhältlich. Stelle das Wasser oder Pedialyte deines Hamsters in eine flache Schale, damit es leicht zugänglich ist. Wenn der Hamster stark dehydriert ist, ist er möglicherweise zu schwach, um zur Düse der Wasserflasche zu gelangen.
- Schau, ob dein Hamster Scheiben eines saftigen Obstes oder Gemüses wie Gurke, geschälten Apfel oder Salat fressen wird.

Rehydriere dein Haustier manuell mit einer Pipette oder einer kleinen Spritze (ohne Nadel). Halte den Hamster fest, aber sanft, und platziere alle halbe Stunde einen Tropfen Wasser auf seine Lippen. Gib nicht mehr als einen Tropfen auf einmal (sonst könnte es in die Nase deines Haustieres gelangen und in seine Lunge aspiriert werden) und nicht mehr als einen Tropfen alle halbe Stunde.

Natürlich ist es viel besser, Dehydrierung zu verhindern, als sie zu behandeln. Überprüfe zunächst die Wasserflasche deines Haustieres mindestens einmal täglich, um sicherzustellen, dass sie richtig funktioniert. Die Metallkugel am Ende der Düse sollte sich frei bewegen und einen Wassertropfen entweichen lassen, wenn sie in die Düse gedrückt wird. Wenn die Wasserflasche einwandfrei funktioniert und dein Hamster Zugang dazu hat, ist Wassermangel nicht das Problem.

HINWEIS: Wenn du deinen Hamster gerade erst bekommen hast, hat er möglicherweise noch nie eine Wasserflasche gesehen. Er wurde vielleicht mit Wasser aus einer Schale gefüttert, daher weiß er nicht, wie man die Düse bedient. In diesem Fall kannst du die Seiten der Flasche sanft zusammendrücken, um einen Wassertropfen als Perle am Ende der Düse erscheinen zu lassen. Dies sollte ausreichen, um den Hamster zur Flasche zu locken, und wenn er die Wasserperle leckt, aktiviert das die Metallkugel, um einen weiteren Wassertropfen freizugeben.

Wenn du deinen Hamster nicht innerhalb weniger Stunden nach seiner Ankunft in seinem neuen Zuhause Wasser aus der Flasche trinken siehst oder hörst, stelle das Wasser in eine flache Schale in die Ecke seines Habitats. Stelle sicher, dass die Schale nicht leicht umkippen kann, da ein nasser Hamster eher krank wird.

Die Umgebung des Raumes, in dem du den Hamster hältst, ist wesentlich für seine allgemeine Gesundheit, einschließlich seines Risikos für Dehydrierung. Die ideale Temperatur für dein Haustier liegt zwischen 20°C und 24°C. Stelle sicher, dass das Gehege nicht in direktem Sonnenlicht, in der Nähe einer Wärmequelle, in einem zugigen Bereich oder in einer kalten Ecke steht.

Biete deinem Hamster eine Mischung aus trockenem,

kommerziellem Hamsterfutter und frischem Obst, Gemüse und anderen hamstergerechten Lebensmitteln an. Die Fütterung deines Haustieres mit zu vielen wasserreichen Früchten und Gemüsen kann jedoch Verdauungsprobleme bei deinem Hamster verursachen, die zu Durchfall führen. Aus diesem Grund sollten Gurken, Salat, Äpfel, Wassermelonen und andere saftige Produkte deinem Hamster sparsam gefüttert werden.

Wenn dein Hamster gestresst ist, könnte er sich weigern zu trinken. Hamster können durch neue Situationen, zu häufiges Anfassen, einen missbräuchlichen Käfiggenossen, übermäßig neugierige Haustiere und Kinder sowie laute oder erschreckende Geräusche gestresst werden. Stelle also sicher, dass sich das Gehege deines Hamsters in einem ruhigen Raum befindet und er zwischen den Spielzeiten genügend Zeit für sich hat.

Haarballen oder Darmverschluss

Während des Badens können Hamster manchmal Fell schlucken, daher ist es natürlich, dass sie Haare in ihrem Magen und Verdauungstrakt haben. Der Körper des Hamsters ist geschickt darin, Haaransammlungen zu entfernen, und die überschüssigen Haare werden im Normalfall ausgeschieden. Haarballen oder Verstopfungen durch Fellklumpen sind bei Hamstern selten, aber langhaarige Goldhamster sind anfällig für diese Probleme.

Ursachen

Haarballen und haarbedingte Verstopfungen können bei Hamstern auftreten, die krank sind und haaren oder sich übermäßig reinigen (was sie tun können, wenn sie Milben haben oder gestresst sind). Eine ballaststoffarme Ernährung kann beispielsweise Probleme wie Zahnerkrankungen oder Mundschmerzen verursachen.

Haarballen treten auf, weil Hamster nicht erbrechen können, daher können sie keine Fremdkörper wie Haarbälle aus ihrem Magen ausstoßen. Da sie nicht erbrechen können, haben die Haarballen nur einen Weg zu gehen – in ihren Verdauungstrakt! Oft bewegt sich ein Haarball durch ihr Verdauungssystem, ohne ein Problem zu verursachen, aber es besteht immer die Chance, dass er den Darm vollständig verstopfen kann. Dies ist gefährlich für kleine Allesfresser wie Hamster da sie nicht lange mit einem blockierten Darm überleben. Außerdem ist dies ein äußerst schmerzhafter Zustand, der deinen Hamster leiden lässt, bevor er schließlich stirbt.

Symptome

Leider ist es nicht einfach zu wissen, ob dein Haustier einen Darmverschluss hat. In freier Wildbahn gibt es viele Tiere, die Hamster jagen, daher sind Hamster von Natur aus gut darin, Krankheiten oder Verletzungen zu verbergen, da kranke oder lahme Tiere wahrscheinlich zuerst gefressen werden. Hamster tun oft so, als wäre alles in Ordnung, um Raubtiere zu ermutigen, etwas anderes anzugreifen.

Wenn du einen Darmverschluss vermutest, achte auf folgende Anzeichen. Jedes davon könnte auf andere Probleme hindeuten, aber sie sind häufig, wenn es eine Verstopfung im Verdauungstrakt gibt.

Verminderter Appetit

Wenn dein Hamster kein Interesse an seinem üblichen Futter hat, versuche, ihm einen Leckerbissen anzubieten. Wenn er seinen Lieblingsleckerbissen ablehnt, versuche es in ein paar Stunden noch einmal. Wenn er nicht frisst und immer noch keinen Snack akzeptiert, ist es am besten, den Tierarzt aufzusuchen.

Die einzige Zeit, in der ein Hamster möglicherweise nicht einmal seinen Lieblingsleckerbissen frisst, ist, wenn er sich außerhalb seines Habitats befindet. Hamster hören nicht auf zu fressen, wenn sie sich ängstlich oder unwohl fühlen, denn wenn sie aufhören, sich zu bewegen, um zu fressen, sind sie anfälliger für Raubtiere.

Verminderte Flüssigkeitsaufnahme

Es ist notwendig, dass Hamster den ganzen Tag über trinken, also stelle sicher, dass das Wasser in der Flasche jeden Tag sichtbar weniger wird. Wenn nicht, überprüfe zuerst das Kugellager im Mundstück des Rohrs mit deinem Finger, um zu sehen, ob es funktioniert, indem du die Kugel hineindrückst oder rollst. Ein einzelner Wassertropfen sollte herauskommen. Ein Hamster kann nicht lange ohne zu trinken überleben und benötigt sofort tierärztliche Aufmerksamkeit, wenn er nicht hydriert.

Probleme mit Kotbällchen

Hamster haben einen schnellen Verdauungsprozess und produzieren in regelmäßigen Abständen über den Tag und die Nacht Kotbällchen. Wenn du bemerkst, dass die Toilettenecke leer ist, behalte es im Auge.

Wenn du bemerkst, dass die Kotbällchen mit Haaren verbunden sind (wie eine Halskette), könnte dies auf eine Haarverstopfung hindeuten.

Wenn du wässrige Kotbällchen anstelle von trockenen, reisförmigen Kotbällchen bemerkst, muss du mit deinem Hamster sofort einen Tierarzt aufsuchen. Dies könnte auf eine Blockade oder eine Infektion hindeuten und erfordert sofortige Aufmerksamkeit.

Ungewohnte Geräusche

Du wirst dich an die alltäglichen Geräusche deines Haustieres gewöhnen. Einige Hamster sind sehr stimmfreudig und begrüßen dich mit allerlei Quietschen; andere machen nie einen Laut. Beides ist normal. Es hängt nur von der Persönlichkeit deines Hamsters ab. Wenn du jedoch hörst, dass dein Hamster Geräusche macht, die du noch nie gehört hast, achte auf andere Symptome, die darauf hindeuten könnten, dass er krank ist. Sprich mit deinem Tierarzt oder besuche ihn, um sicherzustellen, dass dein Hamster dieses Geräusch nicht aus Schmerz oder Unbehagen macht.

Eine Charakteränderung

Wenn dein freundlicher, kuscheliger Hamster dich plötzlich während der Spielzeit beißt, kann das erschreckend sein. Das Erste, was du tun solltest, ist, dein Haustier zurück in sein Habitat zu setzen und es eine Weile in Ruhe zu lassen. Wenn das Verhalten anhält, versuche herauszufinden, ob es einen Grund für seine Temperamentsänderung gibt. Ist kürzlich etwas passiert, wie eine Ernährungsumstellung oder ein neues Habitat? Wenn alles mit der Umgebung und Routine des Hamsters wie gewöhnlich ist, könnte etwas nicht stimmen, und das könnte einen Darmverschluss einschließen. Tiere mit Schmerzen werden ausschlagen.

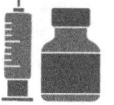

Behandlung

Ist dein Hamster schläfriger als normal? Begrüßt er dich nicht wie üblich an der Tür seines Habitats? Wir alle haben gute und schlechte Tage, sogar Hamster! Aber wenn die Verhaltensänderung anhält, könnte es Zeit sein, den Tierarzt aufzusuchen. Der Hamster könnte dehydriert sein, es könnte eine Blockade geben, oder das Tier könnte Schmerzen haben.

Knoten und Beulen

Wenn du einen Knoten oder eine Beule an deinem Hamster entdeckst, könnte es sich um verschiedene Dinge handeln – eine Zyste, eine Fettablagerung aufgrund von Fettleibigkeit, Alter oder Krebs.

Ursachen

Du könntest deinen Hamster mit zuckerhaltigen Lebensmitteln und Leckerbissen überfüttern. Wenn sich die Gesamtgröße deines Hamsters nicht verändert hat, besteht die Möglichkeit, dass nichts, was du getan hast, den Knoten verursacht hat. Es ist jedoch wichtig, ihn von einem Tierarzt untersuchen zu lassen.

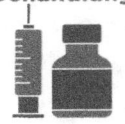

Behandlung

Du kannst deinen Hamster zum Tierarzt bringen, und sie werden wahrscheinlich eine Biopsie des Knotens oder der Beule durchführen, um festzustellen, was es ist. Wenn es eine Zyste ist, kann die Flüssigkeit darin mit einer Nadel aspiriert werden. Wenn es eine Fettablagerung ist, gibt es keinen Grund zur Sorge. Wenn der Hamster übergewichtig ist, kann sich die Beule durch eine kalorienreduzierte Ernährung deines Haustieres verkleinern. Es könnte ein gutartiger (nicht krebsartiger) Knoten sein, der weder eine Zyste noch eine Fettablagerung ist. Wenn der Knoten krebsartig ist, müssen du und dein Tierarzt besprechen, ob eine Operation eine Option ist, die eine Heilung bietet oder das Leben deines Haustieres verlängert, oder ob sich der Krebs bereits ausgebreitet hat und daher eine Operation nicht angezeigt ist. Es ist auch wichtig in die Überlegung einzubeziehen, ob du dein Haustier dem Trauma einer Operation aussetzen möchtest, sowie die Kosten des Eingriffs.

Etwas Verdächtiges

Achte auf Durchfall – dies ist ein medizinischer Notfall und erfordert tierärztliche Versorgung. Wenn der Hamster sich ständig kratzt oder juckt und Fell verliert, sollte auch ein Tierarzt konsultiert werden, da dies bedeuten könnte, dass der Hamster unter Milben leidet. Achte immer auf Gewichts-, Aktivitäts- oder Verhaltensänderungen im Allgemeinen, da dies einige der einzigen Indikatoren für Probleme sind, die wir als Hamsterbesitzer sehen werden.

MIKAILA HUDYM
Cloverline Hamstery

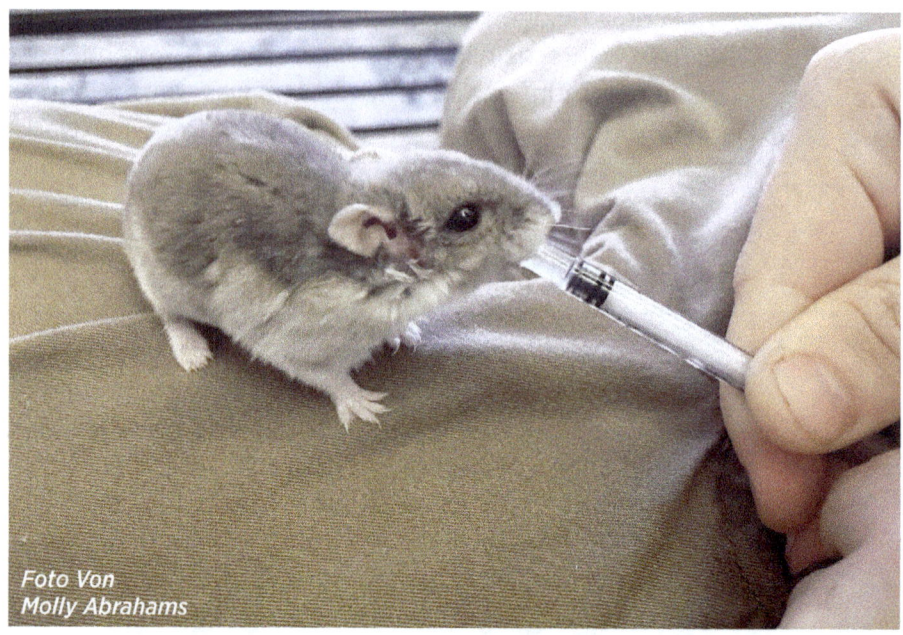

Foto Von
Molly Abrahams

Da Hamster so klein sind, kann es äußerst schwierig sein, sie zu dia-gnostizieren und zu behandeln. Das gesagt, empfehle ich dir, deinem Instinkt zu vertrauen. Wenn dein Hamster nicht seiner natürlichen Rou-tine folgt oder er einfach irgendwie „anders" erscheint, wende dich an deinen Tierarzt. Du kannst bei einem so kleinen Tier wie einem Hamster nicht das „Abwarten und Beobachten"-Spiel spielen. Eine Krankheit kann in sehr kurzer Zeit lebensbedrohlich werden.

Manchmal wird dein Tierarzt nicht mit Sicherheit diagnostizieren können, was mit deinem Haustier nicht stimmt. Die winzige Größe eines Hamsters im Vergleich zu einem Hund oder einer Katze bedeutet, dass viele tierärztliche Geräte für so kleine Körper nicht nützlich sind. Der Tier-arzt sagt dir vielleicht einfach, dass er nicht weiß, was nicht stimmt, und schickt dich nach Hause, um zu sehen, was passiert. Wenn dein Hamster nicht mehr Lebensfreudig erscheint, nicht mehr frisst, trinkt oder spielt, musst du vielleicht die schwierige Entscheidung treffen, dein geliebtes Haustier einschläfern zu lassen. Du möchtest sicherlich nicht, dass dein Hamster Schmerzen hat, auch wenn es herzzerreißend ist, sich von ihm zu verabschieden.

Einschläfern ist ein medizinisches Verfahren, das von einem Tierarzt durchgeführt wird, um einen leichten, friedlichen Tod herbeizuführen, anstatt dein Haustier langsam an seiner Krankheit sterben zu lassen, was ihm erhebliches Leiden verursachen kann.

Beim Einschläfern wird eine Injektion, ein Gas, oder beides verabreicht. Die Injektion eines Schmerzmittels macht dein Haustier schläfrig, und dann wird es mit einem Medikament überdosiert, das sein Herz stoppt. Bei kleinen Tieren wird häufiger Gas als eine Injektion verwendet. Das Tier wird in einen versiegelten Behälter gesetzt, und ein Anästhetikum gemischt mit Sauerstoff wird über einen Schlauch in den Behälter gepumpt. Wenn das Tier diese geruchlose Mischung einatmet, schläft es ein, und die Überdosis des Anästhetikums stoppt sein Herz. Wenn eine Injektion verwendet wird, solltest du in der Lage sein, dein Haustier zu halten, während es stirbt. Der Tierarzt wird den Tod deines Haustieres bestätigen, indem er mit einem Stethoskop auf das Aufhören des Herzschlags hört.

Bezahlung für medizinische Versorgung

Hamsterpflege ist nicht kostenlos, und sie kann teuer sein, aber sie ist (relativ gesehen) weniger teuer als Tierarztkosten für eine Katze oder einen Hund. Denk daran: Indem du einen Hamster als dein Haustier übernimmst, übernimmst du auch die Verantwortung, ihm ein so glückliches und schmerzfreies Leben wie möglich zu bieten. Einige meiner Hamster hatten sehr wenig medizinische Versorgung, während andere Dinge wie Röntgenaufnahmen oder kleinere Operationen benötigten. Im Laufe des Lebens meines Hamsters könnte ich zwischen 200 und 800 Euro für medizinische Ausgaben ausgeben. Wenn du jetzt anfangen musst zu sparen, empfehle ich es dir sehr! Die Kosten für tierärztliche Versorgung können je nach Wohnort variieren, aber es gibt nichts Schmerzhafteres, als einen Hamster leiden zu sehen, den du liebst.

RACHEL ARNSDORF
Rachel Got Hamsters

Es gibt keine andere Möglichkeit, dies zu sagen – tierärztliche Versorgung ist teuer. Aus diesem Grund empfehle ich jedem Tierbesitzer, eine Krankenversicherung für sein Haustier abzuschließen, egal ob sie ein Pferd oder einen Hamster haben. Besitzer entscheiden sich manchmal dagegen, eine medizinische Versicherung für ein kleines Haustier abzuschließen, aber das kann unklug sein. Kleine Tiere können schnell ziemlich krank werden, und ihre winzigen Körper können in Stunden statt in Tagen oder Wochen überwältigt werden. Sobald du bemerkst, dass etwas nicht stimmt, ist es unbedingt erforderlich, dass dein Haustier innerhalb von 24 Stunden einen Tierarzt aufsucht. Eine Untersuchung (Bildgebung, Labortests), eine Operation zur Entfernung eines Knotens und Folgemedikamente und Konsultationen könnten dich Tausende von Euro kosten.

> ## TIPP
> ### Winterschlaf bei Hamstern
>
> Hamster fühlen sich bei Temperaturen zwischen 18°C und 24°C wohl, der durchschnittlichen Temperatur in den meisten temperaturkontrollierten Wohnungen. Wenn die Umgebungstemperatur eines Hamsters für längere Zeit (mehr als 24 Stunden) unter diesen idealen Schwellenwert sinkt, kann der Hamster in eine Winterstarre verfallen, ein Zustand der dem Winterschlaf ähnelt. Echter Winterschlaf tritt ein, wenn die Umgebung eines wildlebenden Hamsters eisig ist oder Nahrung knapp wird, aber Hamster in Gefangenschaft sollten keinen Winterschlaf halten. Du kannst eine Winterstarre verhindern, indem du den Käfig deines Hamsters zwischen 18°C und 24°C hältst, ausreichend Einstreu bereitstellst und regelmäßig nach deinem Hamster schaust.

Du möchtest nicht die schreckliche Situation kommen, deinen Hamster für einen Zustand einschläfern zu müssen, der mit Medikamenten oder einer Operation behoben werden könnte, weil du nicht die Mittel hast, um für seine medizinische Versorgung zu bezahlen. Eine kleine monatliche Prämie wird dich nicht nur davor bewahren, Tausende für die Behandlung auszugeben, sondern könnte auch das Leben deines Hamsters retten.

Mache dich mit deinen örtlichen Tierärzten vertraut, um herauszufinden, wer Erfahrung in der Behandlung von Hamstern hat, und wähle deinen bevorzugten Tierarzt, bevor du deinen Hamster zu ihm bringen musst. Du möchtest nicht in einer Notfallsituation sein und herumtelefonieren müssen, um jemanden zu finden, der qualifiziert und verfügbar ist, um dein Haustier zu sehen. Dies könnte ein fatales Versäumnis sein.

Der beste Weg, deinen Tierarzt zu wählen, ist, mit Freunden zu sprechen, die Hamster besitzen, oder Online-Bewertungen der Kunden der Tierärzte zu lesen, insbe-

Foto Von
Crystal Strickland

sondere solche, die die Pflege erwähnen, die sie für ihr Nagetier erhalten haben. Manchmal wirst du dich nur auf deine Instinkte verlassen können, wenn du vermutest, dass dein Hamster sich schlecht fühlt, also brauchst du einen Tierarzt, der deine Rolle als fürsorglicher Tierbesitzer und deine Verdächtigungen ernst nimmt.

Wenn möglich, versuche, einen Tierarzt zu finden, der sich auf Kleintiere spezialisiert hat, nicht nur auf Hunde und Katzen. „Kleintiere" umfasst Vögel und Wassertiere, also versuche, einen Arzt mit einer Erfolgsbilanz in der Behandlung von Hamstern, Gerbils, Mäusen, Ratten und Kaninchen zu finden. Ein Tierarzt, der sich beispielsweise auf Wassertiere spezialisiert hat, könnte es schwieriger finden zu diagnostizieren was mit deinem Hamster los ist, als jemand, der speziell Nagetiere studiert und behandelt.

KAPITEL 5

Hamsterverhalten und Bindung

Es kann enttäuschend sein, wenn dein Hamster zunächst ängstlich wirkt, wenn du ihn nach Hause bringst – besonders wenn du so aufgeregt bist, einen neuen Freund zu haben und mit ihm spielen möchtest.

Versuche Einfühlungsvermögen für dein neues Haustier zu zeigen. Dein Hamster hat vielleicht mit seiner Mutter und seinen Geschwistern zusammengelebt und ist nun plötzlich ganz allein in einem großen, neuen Zuhause. Selbst wenn er vorher allein gelebt hat, sieht und riecht dieses neue Zuhause nicht gleich. Der Hamster könnte sogar einen zusätzlichen Zwischenstopp zwischen dem Leben bei seiner Mutter und der Ankunft in deinem Haus gemacht haben – etwa einen Aufenthalt in einer Zoohandlung. Seine Interaktionen mit Menschen waren möglicherweise minimal und er wurde vielleicht nicht oft angefasst. Das führt dazu, dass der Hamster sich nicht sofort bei jemandem wohlfühlt, den er gerade erst kennengelernt hat, wie zum Beispiel bei dir.

Hamster lieben Routinen, und das bisherige Leben deines Hamsters war möglicherweise von viel Stress geprägt. Wenn du deinen Hamster vom Züchter oder aus der Zoohandlung abholst, bitte darum, etwas von der Einstreu des Tieres in die Transportbox zu geben,. Wenn dem Züchter das Wohlbefinden seiner Tiere am Herzen liegt, wird er dies vielleicht sogar selbst vorschlagen.

Sobald du zu Hause bist, vermische die alte Einstreu mit der neuen, da dies den Stress des Tieres verringert. Das hilft deinem Hamster zu erkennen, dass sein neues Habitat sicher/sein Zuhause ist. Dein neues Haustier wird vielleicht den Standort seines Bettes verändern, aber es wird oft das gleiche Einstreumaterial verwenden.

Es braucht Zeit, bis sich dein Hamster anpasst. Ein Hamster braucht Ruhe, Stille und Einsamkeit, wenn er in sein neues Zuhause einzieht, und es ist äußerst wichtig, dass du deinem Hamster erlaubst, sich einzugewöhnen, ohne ihn zu stören.

Gib deinem Hamster mindestens 24 bis 48 Stunden Zeit, bevor du ihn anfasst. Achte auf Stressverhalten. Die Anzeichen von Stress ähneln dem Verhalten eines ängstlichen oder nervösen Menschen. Dein Haustier könnte sich am Rand seines Käfigs bewegen, wenn es eigentlich schlafen sollte. Es wirkt vielleicht unruhig, gräbt ständig in seiner Einstreu, frisst nicht oder schläft die ganze Zeit.

Wenn du eines dieser Verhaltensweisen bemerkst, nimm deinen Hamster nicht hoch. Stress kann das kleine Herz deines Hamsters überfordern und ihn töten. Nutze diese Gelegenheit, um deinem Haustier einige Leckerbissen durch die Gitterstäbe zu geben und mit ihm zu sprechen. Gewöhne es an deine Stimme. Mache damit weiter, bis du siehst, dass dein Hamster eine Routine entwickelt hat – tagsüber fressen, trinken und schlafen und nachts im Laufrad laufen. Wie Menschen nutzen

Hamster Bewegung als Stressab-
bau, also überprüfe regelmäßig,
ob das Laufrad in gutem Zustand
ist und sich frei dreht.

Während dieser Eingewöh-
nungsphase solltest du den Hamster nur dann aus seinem Gehege
nehmen, wenn er abends nicht
aktiv ist, um sicherzustellen, dass
es ihm gut geht. Achte auf eine
laufende Nase, verkrustete Augen oder Keuchen. Dies könnte
auf Atemprobleme hindeuten
und bedeuten, dass sich etwas im
Gehege befindet, das für deinen
Hamster nicht gesund ist. Unge-
pflegtes Fell kann bedeuten, dass
der Hamster in der Zoohandlung
Milben bekommen hat. Wenn du

*Foto Von
Diana Sydnor*

Bedenken hast, wie dein Hamster aussieht oder sich verhält, wende dich
an deinen Tierarzt, um eine Untersuchung durchführen zu lassen.

Wenn du merkst, dass dein Hamster sich beruhigt hat und sich in
sein neues Zuhause eingelebt hat, kannst du beginnen, deinen Hamster
mehrmals am Tag aus seinem Stall zu nehmen wenn er wach ist. Da eure
Beziehung gerade erst beginnt, solltest du behutsam vorgehen, um das
Sicherheitsgefühl Wohlbefinden deines Haustieres nicht zu beinträch-
tigen. Locke den Hamster zur Tür, indem du etwas Leckeres am Aus-
gang platzierst. Es könnte eine Weile dauern, bis dein Haustier den Dreh
raushat, aber bald wird der Hamster deinen Besuch mit der Belohnung
verbinden und zu dir laufen, wenn du seinen Namen rufst.

Das Verhalten deines Hamsters verstehen

Hamster sind dämmerungsaktive Beutetiere, was bedeutet, dass sie natürlicherweise in der Dämmerung, bei Sonnenaufgang und sporadisch während der Nacht aktiv sind. Es ist natürlich für sie, zu warten, bis das Licht ausgeht, bevor sie aus ihrem Bau herauskommen. Wenn du feststellst, dass dein Hamster sich wie ein Einsiedler verhält, wecke ihn auf, indem du ihn aus dem Bau lockst oder ausgräbst. Manche Menschen haben ein schlechtes Gewissen, wenn sie ihre Hamster stören, aber insgesamt profitieren Hamster von menschlichen Interaktionen. Du kannst auch den Tagesrhythmus deines Hamsters neu einstellen, indem du das Licht 12 Stunden am Tag einschaltest – besonders im Winter. Sie kommen normalerweise heraus, nachdem das Licht ein oder zwei Stunden ausgeschaltet war.

STEPHANIE WINGER RODRIGUEZ
Pearl Hamletry Hamsters

Leider kann dein Hamster nicht mit Menschen sprechen, und du kannst, da bin ich mir ziemlich sicher, nicht Hamsterisch. Aus diesem Grund musst du auf das Verhalten deines Hamsters achten, um zu verstehen, was vor sich gehen könnte. Hier sind einige häufige Hamsterverhaltensweisen und ihre Bedeutung:

Foto Von Molly Abrahams

Zischen: Dies klingt wie eine wütende Biene und bedeutet, dass dein Hamster gereizt ist. Wenn du den Hamster hältst, setze ihn sofort zurück in sein Habitat, da er dich wahrscheinlich gleich beißen wird!

Quieken: Hamster quieken, wenn sie sich ängstlich oder nervös fühlen. Du könntest deinen Hamster während der Eingewöhnungszeit in seinem neuen Zuhause quieken hören. Das Quieken klingt ein bisschen wie Schluckauf. Persönlich finde ich, es klingt traurig, wie Quiek-Weinen. Setze dich neben sein Gehege und sprich mit deinem Hamster, wenn er dieses Verhalten zeigt, um eine vertrauensvolle Beziehung aufzubauen.

Putzen: Dein Hamster muss sich putzen, und wenn er dies in deiner Gegenwart tut, bedeutet das, dass er sich wohlfühlt. Nimm es als Kompliment. Wenn sich dein Haustier jedoch übermäßig putzt und du Stellen bemerkst, an denen kein Fell mehr ist, könnte dies bedeuten, dass dein Hamster Angstzustände oder Milben hat. Wenn du Letzteres vermutest, bringe dein Haustier sofort zum Tierarzt.

Nagen: Hamster müssen an harten Materialien nagen, da ihre Zähne nie aufhören zu wachsen. Durch das Nagen bleiben die Zähne abgenutzt und in der richtigen Länge. Wenn die Zähne zu lang werden, kann dies lebensbedrohlich sein, und sie müssen von einem Tierarzt gesehen werden. Dies könnte zu einer vermeidbaren und hohen Rechnung führen, die du vermeiden kannst, indem du Spielzeug und harte Nahrungsmittel für dein Haustier zum Nagen bereitstellst.

Oft nagen Hamster an den Gitterstäben ihres Käfigs. Dies tut dein Haustier zum Beispiel, um deine Aufmerksamkeit zu erregen und dir mitzuteilen, dass es sich langweilt. Wenn dies der Fall ist, finde etwas, womit es spielen kann, das seine Aufmerksamkeit von dieser nervigen schlechten Angewohnheit ablenkt.

Nachtaktivität: Hamster sind nachtaktiv, genau wie Eulen und Fledermäuse. Denk daran, dass Hamster Beute für viele Tiere sind, und sie daher nachts herauskommen, in der Hoffnung, dass sie unter dem Schutz der Dunkelheit weniger wahrscheinlich angegriffen werden. Außerdem stammen einige Rassen aus der Wüste, wo es tagsüber zu heiß oder sogar gefährlich ist, draußen zu sein. Wenn dein Hamster nachts frisst, trinkt und aktiv ist, ist das Schlafen am Tag ein völlig gesundes Verhalten.

Spielzeug und Beschäftigung

Es gibt viele verschiedene Gegenstände, die sich gut als Spielzeug für deinen Hamster eignen. Gegenstände mit neuen Texturen, Gerüchen oder etwas Neuem zum Nagen kann deinem Hamster helfen, glücklich zu bleiben. Und du musst nicht viel Geld für Spielzeug ausgeben. Alles kann ein Spielzeug sein! Befolge nur einige Regeln bei der Auswahl dem Spielzeug, welches dein Haustier unterhalten soll:

- Spielzeug aus Sägemehl und Leim kann für deinen Hamster tödlich sein. Überprüfe die Bestandteile aller Spielzeuge.

- Laufräder aus Metalldraht oder -stäben oder die zu klein sind, können Rückenprobleme verursachen und möglicherweise eines seiner winzigen Beine brechen.

- Tunnel: Wie bereits erwähnt kann dein Haustier in der Röhre stecken bleiben und sich verletzen, wenn ein Tunnel zu klein ist. Denke auch daran, dass Hamster ihren Backentaschen mit Futter oder Einstreu füllen. Versucht er, mit diesem Material in den Backentaschen durch eine enge Röhre zu kriechen, besteht Erstickungsgefahr!

- Sepiaschalen sind für Vögel geeignet, aber nicht für Nagetiere. Sie sind kein gutes Spielzeug.

- Salzlecksteine werden als Nahrungsergänzungsmittel für Nagetiere verkauft, sind aber unnötig, wenn dein Hamster eine ausgewogene Ernährung hat. Salzwürfel wurden für Nagetiere in wissenschaftlichen Einrichtungen (z.B. Tierversuchseinrichtungen) entwickelt. Wenn du deinen Hamster richtig fütterst, musst du diese nicht kaufen.

- Bimsstein und Lavasteine: Alles, was aus Bimsstein oder „Lavastein" besteht, ist kein gutes Schleifmaterial, um die Zähne deines Hamsters abzunutzen. Obwohl einige Experten zustimmen, dass diese Steine eine gute Möglichkeit sein können, die Zähne abzufeilen, gab es Berichte über Kleintiere, die an kleinen Stücken des Steins erstickt sind. Andere haben festgestellt, dass viele Hamster kein Interesse an ihnen haben und sie Geldverschwendung sind.

- Pappkartons für Lebensmittel: Kartons sind als Spielzeug für dein Haustier in Ordnung, solange sie frei von Farbe sind und nichts enthalten, was für einen Hamster giftig sein könnte. Stelle sicher, dass alle Heftklammern, Klebeband und Leimrückstände entfernt wurden.

- Buddel-Boxen: Neben dem Graben von Tunneln in ihrer Einstreu lieben Hamster das Buddeln im Allgemeinen, daher kannst du deinem Hamster eine „Buddel-Box" mit Kokosfasern, Korkgranulat oder Torfmoos zur Verfügung stellen.

- Sand: Hamster – besonders diejenigen, deren Vorfahren in der Wüste lebten – lieben es, im Sand zu rollen und zu spielen. Sie nutzen ihn auch zum Putzen und Graben. Stelle sicher, dass der Sand, den du anbietest, tiergerecht und für Hamster zugelassen ist. Dies ist nicht der gleiche Sand, den du am Strand findest! Sand, der für andere Tiere geeignet ist, kann zu fein sein,

Foto Von Brooklyn Wegner

und wenn dein Hamster darin herumtollt, kann der Sand eingeatmet werden und Atemprobleme verursachen. Zum Beispiel ist Sand für Chinchillas zu staubig für Hamster. Spielsand oder Reptiliensand ohne Farbstoffe oder Kalzium ist eine gute Wahl. Eine Glasbackform eignet sich hervorragend als Sandkasten.

- Hamsterkugeln: Die Bedeutung dieser Spielzeuge ist umstritten. Sie waren früher ein fester Bestandteil jeder Hamsterausstattung. Ich erinnere mich, dass ich sie mit meinen ersten Hamstern benutzt habe. Die Idee hinter der Hamsterkugel ist, dass das Tier in der Lage ist, im Haus in einer rollenden Umhüllung herumzulaufen, so dass es ein Gefühl des Herumlaufens hat, aber auf eine Weise, dass es sich nicht verlaufen oder verletzen kann. Meiner Meinung nach liegt der Vorteil der Verwendung der Hamsterkugel jedoch beim Menschen, nicht beim Hamster.

In neueren Veröffentlichungen haben Experten festgestellt, dass eine Hamsterkugel für das Tier stressig ist. Wie bei Laufrädern, die zu klein sind, biegen die Kugeln die Wirbelsäule des Hamsters auf unnatürliche Weise, was schmerzhaft sein und Schäden verursachen kann. Zudem hemmt der Kunststoff die Sinne des Hamsters. Hamster haben im Vergleich zu ihren anderen Sinnen eine schlechte Sehkraft, und indem man sie dieser Sinne beraubt, rollt der Hamster blind herum. Die Luftlöcher in der Kugel sind klein, aber die Füße der meisten Hamster auch! Daher könnten sich ihre Füße in diesen Löchern einklemmen, und zu gebrochenen Zehennägel, Zehen, Füße oder sogar Beinen führen. Die Belüftung innerhalb der Hamsterkugel kann ein Problem sein, wenn die Luftlöcher durch Schmutz oder Kot verstopft werden, die verhindern, dass Luft durchkommt.

Bevor du eine Hamsterkugel kaufst, bedenke die po-

INTERESSANT!
Vorwärts und rückwärts

Hamster können fast genauso schnell rückwärts laufen wie vorwärts. Diese einzigartige Fähigkeit ist wahrscheinlich eine Überlebensanpassung, die ihnen hilft, bei Gefahr durch einen Fressfeind schnell aus ihren unterirdischen Bauen zu entkommen. Behalte also die Tunnel deines Hamsters im Auge, um dieses Talent in Aktion zu sehen.

tenziellen Nachteile, die ich gerade beschrieben habe. Wie ich bereits erwähnt habe, setze ich meinen Hamster währen der Reinigung in die Badewanne, da ich weiß, dass er dort nicht herauskommen kann- vorausgesetzt ich habe sichergestellt, dass sich nichts darin befindet, worauf er klettern und entkommen könnte. Es ist zudem hilfreich, Spielzeug zum Spielen für sie hineinzulegen. Ich schließe auch die Badezimmertür für den unwahrscheinlichen Fall, dass der Hamster einen Weg findet, herauszukommen. Er wäre auf einen Raum beschränkt, so dass er sich nicht irgendwo im Haus verlaufen könnte, und wäre sicher vor meiner Katze oder vor anderen Gefahren.

Unter deiner Aufsicht kannst du deinem Hamster alle möglichen Abenteuer bieten. Ich setze meinen Hamster in einen Haufen Kleidung zum Erkunden oder in einen zusammengefalteten Pullover, damit sie aus den Ärmellöchern heraustunneln kann. Es macht Spaß, zuzusehen. Behalte deinen Hamster genau im Auge, wenn er auf deinem Bett ist, da Hamster von der Höhe deines Bettes oder Sofas auf den Boden springen – oder fallen – und sich verletzen können. Sie können sich in die kleinsten Räume quetschen und leicht verloren gehen. Dein Hamster wird vielleicht durch Quieken protestieren, wenn du ihn aufhebst, während er viel Spaß auf dem Bett hat, aber du möchtest nicht, dass er zu Schaden kommt.

Beschäftigung

Beschäftigung ist ein notwendiger Teil der körperlichen und geistigen Gesundheit deines Hamsters. Hamster brauchen Platz zum Graben, damit sie Tunnel anlegen können. Sie brauchen auch andere Formen der Beschäftigung. Das heißt nicht, dass jeder Hamster alle Beschäftigungsmöglichkeiten genießen wird, die du

anbietest. Es hängt von der Vorliebe und Persönlichkeit des Hamsters ab.

Laufräder sind für fast jeden Hamster eine Notwendigkeit. Denk daran, dass diese Tierchen bis zu acht Kilometer pro Nacht laufen! 28 Zentimeter (etwa 11 Zoll) ist der angemessene Durchmesser eines Laufrads für einen Goldhamster. Um zu entscheiden, ob es die richtige Größe hat, schau dir deinen Hamster an, während er läuft. Sein Rücken sollte praktisch gerade sein, nicht gebogen. Diese unnatürliche Krümmung kann die Wirbelsäule deines Hamsters schädigen.

Für kleinere Hamster könntest du eine Laufscheibe in Betracht ziehen. Diese sind praktisch geräuschlos- eun Anspruch den viele Laufräder zwar erheben, aber nur selten erfüllen. Allerdings nehmen Scheiben mehr Bodenfläche ein, da sie horizontal statt vertikal angeordnet sind.

Ein Laufrad ist das Minimum, das dein Hamster für Beschäftigung und Bewegung benötigt. Weitere Beschäftigungsmöglichkeiten könnten Folgendes umfassen:

Heu, getrocknete Blumen und Gräser, Sandbäder, Holzstufen, hängende Mobile, leere Gläser,

Bälle, Futterkäfige, Nährstoffblöcke, Toilettenpapierrollen, Hängekörbe, Leitern, Labyrinthe, Problemlösungsspiele – die Liste geht weiter!

Alles was eine Vielzahl an Gerüchen und Texturen beinhaltet die den Geist deines Hamsters stimulieren und beschäftigen, ist eine gute Wahl. Variiere diese Beschäftigungsmaterialien und denke daran, sicherzustellen, dass sie so natürlich und unparfümiert wie möglich sind, um deinen Hamster sicher zu halten!

Eine Bindung zu deinem Hamster aufbauen

Es braucht Zeit und Geduld, um eine gute Bindung zu deinem Hamster aufzubauen. Konsequenz ist der Schlüssel – Hamster lieben ihre Routinen, und es liegt in der Verantwortung des Besitzers, regelmäßige Handhabungssitzungen am Abend einzurichten, damit der Hamster lernt, Interaktion zu erwarten und zu genießen. Ein Hamster, der wach, aufmerksam ist und Interesse zeigt, aus dem Gehege zu kommen, ist ein glücklicher Hamster, der bereit ist zu spielen. Leckerbissen zu geben hilft deinem Hamster auch, dir zu vertrauen!

JESSICA BRESLER
Poppy Bee Hamstery

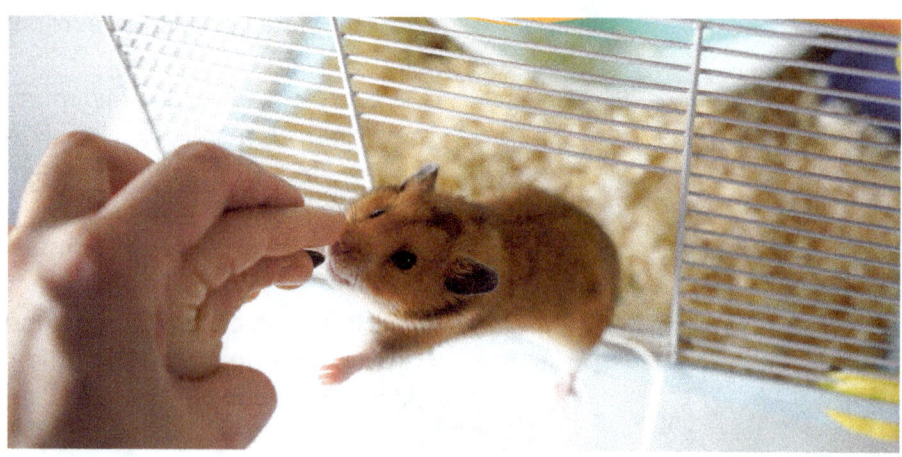

Denk daran, dass der Aufbau einer Beziehung zu deinem Hamster ein Marathon und kein Sprint ist! Viele Hamsterbesitzer sind frustriert darüber, wie lange es dauern kann, eine Bindung zu ihrem Haustier aufzubauen. Ich habe einen Artikel von einem Hamsterexperten gelesen, der angab, dass es acht Monate dauerte, bis ihr Hamster, ein Roborowski namens Steven, ihnen erlaubte, ihn zu streicheln. Am anderen Ende des Spektrums steht mein Hamster, Num-Num, der vom ersten Tag an völlig in mich vernarrt war und seither eine freundliche, gesellige Natur hat.

Die Persönlichkeit eines Hamsters und seine Einstellung zu Menschen können stark von

TIPP
Können Hamster zusammenleben?

Ob Hamster lieber allein oder paarweise leben, hängt von der Art ab. Während einige Hamster gerne ihren Lebensraum mit einem Geschwistertier oder einem Artgenossen teilen, können andere äußerst territorial werden. Goldhamster beispielsweise leben ausgesprochen gern allein und können andere Hamster im selben Gehege angreifen. Zwerghamster hingegen tolerieren in der Regel Gesellschaft. Um Probleme bei der Haltung von Hamsterpaaren zu vermeiden, solltest du mehrere Futterstellen einrichten und sicherstellen, dass der Käfig groß genug für zwei Tiere ist. Außerdem solltest du Hamster unterschiedlichen Geschlechts nicht zusammen halten, es sei denn, du planst, dieses Paar zu züchten.

seinen Erfahrungen mit Menschen von frühem Alter an beeinflusst werden. Zoohandlungen züchten manchmal Hamsterbabys in großem Maßstab mit schnellem Umsatz, was bedeutet, dass der Hamster, den du kaufst, möglicherweise noch nie von einem Menschen angefasst wurde. Er könnte menschliche Hände mit dem Entfernen aus Sicherheit und Geborgenheit in Verbindung bringen – wie als er von seiner Mutter weggenommen und in einen Käfig in einer Zoohandlung oder die Box gebracht wurde, die du mitgebracht hast, um ihn nach Hause zu bringen.

Er könnte Menschen mit Traumata und weiteren negative Merkmalen assoziieren, die du heilen musst, bevor eine Beziehung zu deinem neuen Haustier entstehen kann. Hamster, die von seriösen Züchtern gekauft wurden, wurden möglicherweise angefasst und haben Erinnerungen daran, dass Menschen ihnen Leckerbissen und Liebe geben, so dass sie sich dir viel schneller öffnen könnten.

Es gibt viele Möglichkeiten, positive Bindungen zu deinem Hamster aufzubauen. Die Spielzeit ist eine großartige Gelegenheit. Richte ein Spielgehege mit vielen Spielzeugen und Dingen ein, die dein Hamster erkunden kann. Verstreue und verstecke Leckerbissen, damit der Hamster die Verbindung zwischen dem Spaß der Spielzeit und der mit dir verbrachten Zeit herstellt. Setze dich in das Spielgehege und erlaube dem Hamster, über dich zu krabbeln, ohne nach ihm zu greifen. Dies wird deinem Haustier zeigen, dass kein Druck besteht, eine Beziehung zu dir aufzubauen. Einige Hamster werden dazu übergehen, freiwillig auf deinem Schoß oder deiner Schulter zu sitzen, ohne dass du sie mit Leckerbissen anlocken musst. Du kannst fernsehen, während dein Hamster in deinem Schoß ruht. Aber andere Hamster werden, unabhängig von der Zeit, die ihr zusammen verbracht habt, nervös und misstrauisch bleiben. Das hat nichts mit dir zu tun und könnte einfach der Charakter des Tieres sein.

Geduld und Konsequenz sind die Schlüssel, um eine dauerhafte Beziehung aufzubauen. Versuche, jeden Tag zur gleichen Zeit mit deinem Haustier zu interagieren. Bald wirst du sehen, wie dein Hamster an der Tür seines Geheges auf dich wartet, bereit für die Spielzeit.

Hinweis: Hamster werden oft für Kinder gekauft, die zu jung sind, um sich um sie zu kümmern. Stelle sicher, dass ein Erwachsener sich dazu verpflichtet, das Kind bei der Pflege des Tieres zu unterstützen, da Kinder oft das Interesse am Hamster verlieren, wodurch das Tier ungeliebt und unstimuliert – und vielleicht ohne Futter und Wasser – in seinem Habitat zurückbleibt.

KAPITEL 6

Fellpflege und Hygiene

Hamster haben, wie alle Nagetiere, Zähne, die ständig nachwachsen. Sie regulieren die Länge ihrer Zähne selbst durch Mahlen und „Knirschbewegungen". Entgegen der landläufigen Meinung benötigen sie keine Knabberobjekte, um ihre Zähne zu pflegen, aber solche Gegenstände bieten ihnen trotzdem eine wunderbare Beschäftigung! Pappstücke und hartschalige Nüsse sind zwei gute Optionen zum sicheren Knabbern.

JESSICA BRESLER
Poppy Bee Hamstery

Die Pflege deines Hamsters kann Baden, Krallenschneiden und Bürsten umfassen. Dies ist auch eine gute Gelegenheit für dich, die Hygiene und den allgemeinen Gesundheitszustand der Ohren, Augen und Zähne deines Hamsters zu überprüfen.

Bürsten

Das Bürsten deines Hamsters ist nur notwendig, wenn es sich um einen langhaarigen Goldhamster handelt. Für die Fellpflege solltest du einen feinzahnigen Kamm kaufen, der speziell für Tierfell entwickelt wurde. Menschliches Haar ist viel dicker als feines Hamsterfell, daher funktionieren Menschenkämme nicht. Bürste dein Tier einmal täglich, um loses Fell zu entfernen. Dies hilft, Magenprobleme zu vermeiden, die durch das Verschlucken von Fell entstehen können.

Langhaariger Goldhamster

Abgesehen davon sollte der Hamster keine Hilfe bei der Fellpflege benötigen. Wenn sein Fell in irgendeiner Weise struppig aussieht, könnte das auf ein Problem oder eine Krankheit hindeuten. Ein Besuch beim Tierarzt ist dann wahrscheinlich angebracht.

Du kannst auf verschiedene Weise erkennen, ob dein Hamster sein Fell nicht pflegt:

- Das Fell des Hamsters scheint verklumpt zu sein. Dies nennt man Verfilzung, und obwohl es wie ein ästhetisches Problem erscheinen mag, kann es zu einem ernsthaften Zustand werden, der das Leben deines Hamsters gefährden kann. Wenn du also einen Knoten im Fell bemerkst, versuche ihn so schnell wie möglich mit einer Bürste, einem Kamm oder sogar mit deinen Fingern zu entfernen. Falls Verfilzungen regelmäßig auftreten, kannst du eine sogenannte Fingerbürste kaufen, die hilft, das verknotete Fell zu trennen. Eine Zahnbürste kann dafür auch gut funktionieren. Sei vorsichtig beim Lösen des Knotens oder der Verfilzung und ziehe nicht am Fell deines Tieres, da dies schmerzhaft sein kann!

Wenn du die Verfilzung nicht mit einfachen Werkzeugen beseitigen kannst oder wenn sich Schmutz im Knoten befindet, der das Fell zusammenklebt, musst du diesen Bereich möglicherweise kürzen. Ich persönlich würde eine Nagelschere verwenden. Versuche dies zu tun, während dein Hamster mit allen vier Pfoten auf einer Oberfläche steht, anstatt ihn auf den Rücken zu drehen. Das würde deinen Hamster stressen, und er wird herumzappeln, was ihn gefährden könnte, besonders wenn du eine Schere in der Hand hältst. Wenn es jedoch notwendig ist, dass dein Tier auf dem Rücken liegt, damit du die Verfilzung erreichen kannst, brauchst du eine zweite Person, die deinen Hamster sicher festhält, während du das Fell schneidest.

Wenn eine Verfilzung nicht entfernt wird, kann sich mehr Fell darin verfangen, bis ein harter Knoten entsteht. Dies kann zu Reizungen oder Wunden auf der Haut des Hamsters führen oder sogar die Durchblutung eines Bereichs abschneiden. Im schlimmsten Fall könnte dein Hamster eine Gliedmaße verlieren!

Wenn du einen Knoten oder eine Verfilzung nicht entfernen kannst, suche Rat bei einem Tierarzt.

INTERESSANT!
Lange Zähne

Wie bei allen Nagetieren hören die Schneidezähne von Hamstern nie auf zu wachsen. Unsere kleinen pelzigen Freunde halten ihre Zähne durch Nagen auf einer überschaubaren Länge. Der Name "Nagetier" kommt vom lateinischen Wort "rodere", was "nagen" bedeutet. Wenn die Schneidezähne eines Hamsters zu lang werden, können sie das Fressen beeinträchtigen oder schmerzhafte Schnitte im Maul verursachen. Es ist wichtig, deinem Hamster ausreichend Nagematerial zur Verfügung zu stellen, darunter pestizid- und chemikalienfreies Holzspielzeug und Karton. Einige Hamster knabbern gerne an Hundekeksen, aber sprich mit deinem Tierarzt, bevor du diese Leckerbissen anbietest.

- Du bemerkst vielleicht, dass das Fell des Hamsters an einigen Stellen verschmutzt ist und Schmutz darin hängen geblieben ist. Wenn das Fell in der Nähe des Hinterteils des Hamsters verschmutzt oder verklumpt ist, könnte dies auf eine Krankheit hindeuten. Reinige den Bereich mit lauwarmem Wasser und trockne ihn vollständig (sonst könnte dein Hamster sich erkälten), und beobachte, ob das Problem zurückkehrt. Wenn ja, bedeutet das, dass das Problem anhaltend ist und einen Tierarztbesuch erfordert.

Hamster legen großen Wert auf Sauberkeit. Wenn du also feststellst, dass dein Hamster seine persönliche Hygiene vernachlässigt, liegt definitiv ein Problem vor.

Baden

Hamster sind sehr saubere Tiere, wenn sie die notwendigen Uten-
silien haben. Jeder Hamster liebt es, sein Fell zu pflegen, indem
er sich in Terrariumsand wälzt. So wie Menschen Shampoo ver-
wenden, um die Öle in ihrem Haar zu pflegen, wälzen sich Ham-
ster im Sand. Wenn er gesiebt und gebacken wird, ist auch Kin-
derspielsand für Hamster geeignet, und jeder Glas- oder Acrylbe-
hälter kann als Sandbadewanne verwendet werden. Da Hamster
Beutetiere sind, setzt sie das Rollen auf dem Rücken im Sand in
eine sehr exponierte Position. Aber wenn du ein „Versteck" zum
Sandbad hinzufügst, unter dem sie baden können, hilft ihnen das,
sich sicherer zu fühlen!

TABITHA HULTQUIST
Happy Hamstery

Hamster baden sich normalerweise einmal am Tag selbst. Du wirst
sehen, wie dein Tier auf seinen Hinterbeinen sitzt und seine Vorder-
pfoten benutzt, um sich zu reinigen. Sie sehen dabei sehr niedlich aus!
Hamster lecken ihre Pfoten ab und wischen dann damit über ihr Gesicht,
genau wie Katzen es tun. Auf diese Weise baden Hamster ihren gesamten Körper.

Ist es notwendig, deinen Hamster zu baden?

Ein normaler, gesunder Hamster braucht normalerweise kein Bad.
Außerdem kann zu häufiges Baden das natürliche Gleichgewicht der Öle
in Fell und Haut zerstören.

Es gibt einige Umstände, unter denen Baden notwendig sein kann:

- **Übergewichtiger Hamster.** Hamster haben dichtes, dickes Fell
  entwickelt, um in der Wildnis Schutz und Wärme zu bieten. Der
  Hamsterkörper ist schlank und flexibel, was ihm ermöglicht, in
  alle möglichen engen Räume zu passen. Wenn dein Hamster zu

viele Leckerbissen oder eine ungeeignete Ernährung bekommt, kann er übergewichtig werden. Abgesehen davon, dass dies nicht gesund für deinen Hamster ist, kann dein Tier es schwierig finden, sich zu beugen und selbst zu baden. Es ist wichtig, dass dein Hamster eine gesündere Ernährung mit weniger Kalorien erhält, um überschüssiges Gewicht zu verlieren. Höre auf, ihm

Leckerbissen zu geben, und biete ihm viele zuckerarme Gemüsesorten an. Dein Hamster wird seine Favoriten haben, aber ich würde dir empfehlen, ihm Sellerie, Gurke und Salat zu füttern. Dies sind alles zuckerarme und kalorienarme Gemüsesorten. Gemüse mit hohem Nährstoff- und Ballaststoffgehalt wie Grünkohl, Spinat und Pak Choi eignet sich auch hervorragend zum Untermischen ins Futter.

Bis dein Hamster Gewicht verliert, kann es notwendig sein, dass du dein Tier an den Stellen badest, die es nicht erreichen kann.

- **Ein behinderter Hamster.** Es ist unwahrscheinlich, dass du einen behinderten Hamster hast, aber wenn dein Hamster verletzt wird und sich nicht selbst reinigen kann, könnte der Tierarzt vorschlagen, dass du dein Tier vorübergehend badest. Wenn es dauerhaft behindert ist, musst du dies regelmäßig tun.

- **Ein Hamster mit feuchtem Schwanz.** Das Hinterteil eines Hamsters kann verschmutzt und nass werden, wenn das Tier an Durchfall leidet. Es ist nicht gut für den Hamster, sich in diesem Fall selbst zu reinigen, da er die Bakterien, die ihn krank machen, wieder aufnehmen würde. Verwende eine Kochsalzlösung, um das Hinterteil des Hamsters zu reinigen.

Wie man einen Hamster badet

- Verwende einen kleinen Behälter, wie eine Tupperware-Box.

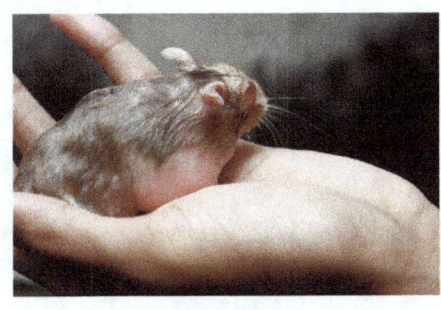

- Fülle den Behälter mit lauwarmem Wasser bis zur Höhe der Schultern des Hamsters. Der Hamster sollte auf allen Vieren im Wasser stehen können, ohne Gefahr zu laufen, zu ertrinken. Füge kein Wasser zum Behälter hinzu, wenn der Hamster bereits darin ist!
- Stelle sicher, dass der Behälter hohe Seiten hat, um zu verhindern, dass der Hamster aus dem Bad entkommt.
- Setze den Hamster behutsam ins Wasser und hilf ihm sich sicher zu fühlen, indem du ihn sanft mit deinen Händen umschließt. Sobald der Hamster ruhig ist, verwende einen Teelöffel oder noch besser eine Pipette, um seinen Rücken zu befeuchten. Die Unterseite und Beine deines Hamsters sollte nass werden, sobald er im Wasser steht. Wenn sich dein Tier zu viel bewegt, um sein Rücken sicher mit Wasser zu befeuchten, halte den Hamster mit einer Hand fest, während du ihn vorsichtig mit der anderen wäschst. Achte darauf, sein Gesicht zu vermeiden.
- Verwende nur kleintierfreundliches Shampoo aus einem Zoofachgeschäft. Um das Shampoo in das Fell des Hamsters einzuarbeiten, beginne an seinem Rücken. Gib eine erbsengroße Menge Shampoo auf eine weiche Bürste wie eine Zahnbürste oder einen Pinsel und reibe das Shampoo sanft überall in das Fell des Hamsters ein. Achte darauf, dass kein Shampoo in die Augen des Hamsters gelangt. Spüle sie schnell mit viel Wasser aus, falls dies doch passiert! Spüle das Shampoo gründlich mit Wasser aus der Pipette oder dem Teelöffel aus dem Fell deines Tieres. Ein feuchter Waschlappen könnte helfen, den letzten Schaum zu entfernen. Halte deinen Hamster in einer Hand und wische sanft mit dem Tuch über seinen Körper.

- Nach dem Waschen setze deinen Hamster auf ein Stoff- oder Papiertuch, damit er natürlich trocknen kann- auch wenn er sich vermutlich ziemlich schnell bewegt und verzweifelt entkommen möchte. Stelle sicher, dass du deinen Hamster in einem beheizten Raum ohne Zugluft trocknest. Ein Hamster kann leicht unterkühlen und an Hypothermie sterben. Haartrockner sind jedoch zu laut, zu heiß und zu stark, also verwende keine Geräte, um deinen Hamster zu trocknen. Setze deinen Hamster niemals zurück in sein Gehege, wenn er nass oder kalt ist.

Krallenschneiden

Ehrlich gesagt kann ich mir keine Situation vorstellen, in der es dazu kommen sollte dass du die Krallen deines Hamsters schneiden müsstest. Die Krallen eines Hamsters wachsen, wie unsere eigenen und die vieler anderer Tiere, kontinuierlich nach. Es ist notwendig, verschiedene Bodenstrukturen im Gehege oder bei der Spielzeit anzubieten, damit diese Oberflächen die Krallen des Hamsters auf natürliche Weise abfeilen können.

Die einzige Situation, in der die Krallen eines Hamsters übermäßig lang sind, ist, wenn du das Tier aus einer vernachlässigten Situation gerettet hast. In diesem Fall ist es wahrscheinlich am besten, wenn ein Tierarzt seine Krallen schneidet.

Wenn du ein Experte im Umgang mit Hamstern bist, das Gefühl hast, seine Krallen schneiden zu müssen, und kein Tierarzt in der Nähe ist, der dies tun kann, kannst du versuchen, die Krallen zu schneiden, wenn der Hamster ruhig und zufrieden ist. Verwende Nagelknipser und keine Schere, um die Krallen zu schneiden. Es ist am besten, jedes Mal nur ein wenig von der Kralle abzuschneiden, da du immer zurückgehen und mehr schneiden kannst. Du musst jedoch wirklich wissen, was du tust, denn wenn du zu viel abschneidest, könntest du das Ende der Zehe des Hamsters abschneiden. Abgesehen davon, dass du deinem Tier enorme Schmerzen zufügst könnte er stark bluten, was ein erhöhtes Infektionsrisiko darstellt. Ich rate nicht nicht die Krallen deines Hamsters zu schneide . Es ist nicht notwendig und riskant.

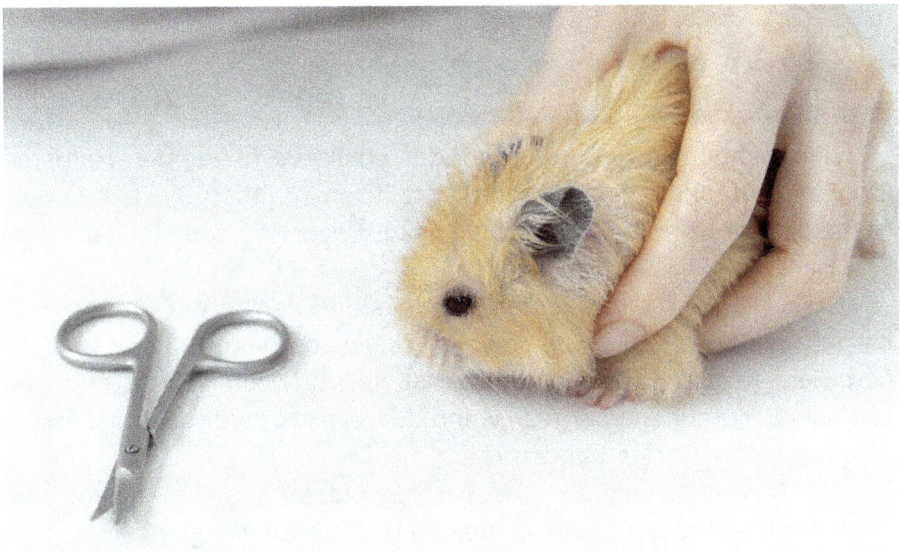

KAPITEL 7

Sicherheit und Erste Hilfe für deinen Hamster

Es mag dich überraschen, wie viele Dinge in deinem Zuhause deinem Hamster schaden könnten. Beaufsichtige deinen Hamster immer, denn diese kleinen Geschöpfe sind wahre Ausbruchskünstler. Achte darauf, dass der Bereich, in dem du mit deinem Hamster spielst, geschlossen und sicher ist.

Was sichere Nahrungsmittel betrifft, schau bitte im früheren Kapitel nach, wo du eine Liste der für deinen Hamster giftigen Lebensmittel findest.

Häufige Gefahren im Haushalt

Elektrokabel sind ein verlockendes Spielzeug für deinen Hamster. Ihre Beschaffenheit macht sie zum attraktiven Knabberobjekt, aber dein Hamster könnte einen Stromschlag bekommen, der stark genug ist, um sein Herz zum Stillstand zu bringen.

Öfen, die Rückseite des Kühlschranks und der Bereich hinter Heizkörpern bieten schöne, warme Verstecke, wenn dein Hamster aus seinem Gehege ausbricht. Das Problem ist, dass du deinen Hamster verletzen oder verbrennen könntest, wenn du ihn nicht gefunden hast, bevor du eines dieser Geräte benutzt.

Alle Wasserquellen, die nicht frisches Wasser aus einem Napf oder einer Trinkflasche sind, sind für deinen Hamster ungeeignet.

Foto Von
Dana Balatsos

Der kleine Körper eines Hamsters kann leicht durch Keime, Bakterien oder Giftstoffen überlastet werden. Du denkst vielleicht: „Ich habe doch keine Gifte herumliegen", aber einige Haushaltsreiniger sind für die Reinigung des Hamstergeheges ungeeignet, besonders wenn du das Gehege nicht richtig ausspülst und Rückstände zurückbleiben.

Viele alltägliche Dinge können für deinen Hamster giftig sein- oft aus ganz verschiedenen Ursprüngen

- Viele Menschen geben ihren Haustieren gelegentlich Essensreste, jedoch kann verschimmeltes Futter für deinen Hamster lebensgefährlich sein.
- Bestimmte Farben und Materialien, die in Haushaltsdekorationen verwendet werden, könnten für deinen Hamster giftig sein oder potenzielle Erstickungsgefahren darstellen. Die Sicherheit von Spielzeug für Menschen und Haushaltsgegenständen wurde nicht im Hinblick auf Hamster getestet.
- Zudem sind die meisten Zimmerpflanzen für einen Hamster giftig. Unten findest du eine unvollständige Liste häufiger Pflanzen und Blumen, die möglicherweise in deinem Haus stehen. Wenn ein Teil dieser Pflanzen in das Gehege deines Hamsters gelangt, könnte das tödlich sein. Glaub mir, das passiert!

Zu den giftigen Pflanzen gehören Herbstzeitlose, Azalee/Rhododendron, Zwergmispel, Drachenbaum, Narzisse, Dieffenbachie, Rosskastanie, Eiche, Friedenslilie, Kartoffelpflanzen und Eibe.

Der einfachste Weg, zu vermeiden, dass dein Hamster mit diesen potenziell schädlichen Haushaltsgegenständen in Kontakt kommt, ist, einen geschlossenen Spielbereich einzurichten. Wenn du versehentlich etwas wie ein Stück Schokolade auf dem Bett liegen lässt, kann es passieren, dass dein Hamster es findet und frisst, bevor du eingreifen kannst – besonders während des Spielens. Der Tod durch eine Vergiftung kann langsam und schmerzhaft sein. Wenn dein Haustier also etwas Schädliches zu sich nimmt, suche sofort tierärztliche Hilfe auf. Warte nicht, bis der Hamster Symptome zeigt. Dann könnte es bereits zu spät sein.

GESCHICHTE
Ursprung der Haushamster

Es wird angenommen, dass Goldhamster die erste Hamsterart waren, die als Haustiere domestiziert wurde. Diese Tiere wurden 1938 in Amerika eingeführt und waren schon wenige Jahre später äußerst beliebt. Manche glauben, dass alle domestizierten Goldhamster von einem einzigen wilden Hamsterweibchen abstammen, das 1930 mit ihrem Wurf von medizinischen Forschern in Aleppo, Syrien, gefangen wurde.

Erste Hilfe für Hamster

Obwohl ich grundsätzlich dazu rate, bei Verletzungen oder Krankheit einen Tierarzt aufzusuchen, kann es Situationen geben, in denen schnelle Erste Hilfe notwendig ist oder tierärztliche Versorgung nicht sofort verfügbar ist. Vielleicht passiert deinem Hamster mitten in der Nacht etwas, und in deiner Gegend gibt es keinen tierärztlichen Notdienst. In solchen Fällen kann es sein, dass du stundenlang warten musst, bis die Tierarztpraxis öffnet. Wenn sich dein Hamster zum Beispiel geschnitten hat, ist es wichtig, die

Foto Von Molly Abrahams

Blutung rechtzeitig zu stoppen, denn ohne Erste Hilfe könnte sein Leben in Gefahr sein.

Besorge dir vor einem Notfall einen belüfteten Transportbehälter für deinen Hamster. Die Wahrscheinlichkeit, sofort von einem Tierarzt behandelt zu werden, ist höher, wenn dein Hamster dort bereits als Patient registriert ist. Es ist wichtig, dass dein Hamser schnell versorgt werden kann. Manche Tierärzte behandeln keine Haustiere, die nicht ihre Patienten sind. Außerdem möchtest du im Notfall nicht herumtelefonieren müssen, um einen Ort zu finden, der sofort einen Termin frei hat. Das erhöht deinen Stress und das Risiko für deinen Hamster.

Hier sind einige Vorschläge für ein Erste-Hilfe-Set speziell für Hamster.

- Kleine Spritzen (ohne Nadeln) sind nützlich, um Wasser oder flüssige Medikamente zu verabreichen. Die Dosierungen von Medikamenten für einen Hamster sind extrem niedrig, und Spritzen zur Verabreichung von Medikamenten für Menschen haben normalerweise eine Größe von mindestens 5 ml. Daher musst du eventuell etwas suchen, um welche zu finden, die nur 1 ml groß sind.

Kleine Spritzen können nützlich sein, um deinem Hamster Wasser, flüssige Nahrung oder Rehydrierungslösungen zu geben, wenn er dehydriert ist.

Foto Von
Michelle Schultz

- Wattestäbchen können verwendet werden, um kleine Mengen Creme oder Flüssigkeit auf Schnitte oder Bisse aufzutragen. Junge Hamster kommen normalerweise gut miteinander aus – bis die Harmonie zerbricht. Falls du vorhast, deine Hamster zur Zucht zusammenzubringen, solltest du darauf vorbereitet sein, dass sie bei der ersten Begegnung aggressiv reagieren und möglicherweise kämpfen. Ich erinnere mich, dass einer meiner Zwerghamster und sein Bruder immer sehr gut miteinander auskamen. Dann wurde mein Hamster Roubal eines Tages ohne ersichtlichen Grund von seinem Bruder angegriffen. Roubal hatte einen üblen Biss an der Nase. In dieser Situation waren Wattestäbchen perfekt, um die Wunde zu reinigen und eine antiseptische Lösung aufzutragen. Mein aktueller Hamster, Num-Num, hat früher mit ihren Schwestern gekämpft und trägt jetzt einen Riss im Ohr, der bei der ersten Behandlung sofortige erste Hilfe erforderte. In solchen Situationen kannst du mit einem Wattestäbchen Medizin auftragen und solltest gleichzeitig einen sicheren Abstand zu dem möglicherweise wütenden und verängstigten Tier halten.

- Wärme- oder Kühlpads können im Winter und Sommer unter dem Gehege deines Haustieres platziert werden, um den Lebensraum deines Hamsters nach Bedarf zu erwärmen oder zu kühlen. Einige Produkte können im Inneren des Hamstergeheges platziert werden. Du musst jedoch sehr vorsichtig sein, dass die Heizgeräte zu heiß sind und die Kühlgeräte nicht zu kalt sind wenn der Hamster in der Nähe ist, damit das Tier sich nicht versehentlich verbrennt oder sich verkühlt. Natürlich werden Hamster wahrscheinlich an diesen Geräten knabbern, also stelle sicher, dass das Produkt bissfest ist und der Inhalt von Kühlpacks nicht giftig für Haustiere ist. Viele Inhalte von Kühlpacks für Menschen wären für einen Hamster giftig.

Das Gehege deines Hamsters sollte sich im Haus befinden, nicht in direktem Sonnenlicht, fern von Zugluft und in einem Raum, der bei kaltem Wetter beheizt wird. Das Gehege sollte ohne Heiz- oder Kühlpads auskommen und trotzdem die optimale Temperatur halten können. Bei extrem warmem Wetter kann es notwendig sein, ein Kühlpad unter einen Teil des Bodens des Geheges zu legen. Lege das Pad nicht unter den gesamten Boden, sondern lasse einen Bereich, der nicht kühl ist, damit das Tier dorthin gehen kann, wenn es möchte. In jedem Fall sollte es einen Ort geben, an dem der Hamster sich abkühlen und seine Temperatur regulieren kann.

Hier ist eine Liste wichtiger Dinge, die du griffbereit haben solltest, um die Sicherheit deines Hamsters zu gewährleisten oder im Notfall Erste Hilfe leisten zu können:

- **Eine Küchenwaage** ist eine großartige Möglichkeit, das Gewicht deines Hamsters zu messen. Das Überprüfen seines Gewichts ist entscheidend, besonders wenn er krank ist. Gewichtsverlust ist ein Indikator dafür, dass mit der Gesundheit deines Hamsters etwas nicht stimmt.

- **Ein Waschlappen** kann hilfreich sein, um deinen Hamster vorsichtig einzuwickeln und ihn daran zu hindern, während der Medikamentengabe zu zappeln. Ein Waschlappen ist großartig, denn die Fütterung deines Hamsters von Hand und die Verabreichung von Medikamenten kann schmutzig werden!

- **Kochsalzlösung** ist hervorragend zur Reinigung von Kratzern, Bissen oder Verbrennungen. Im Notfall funktioniert auch abgekochtes kaltes Wasser (gekocht und abgekühlt) mit einer Prise aufgelöstem Meersalz.

- Wenn dein Haustier sich aktuell von einer Krankheit oder Operation erholt, kann es mit **Babynahrung** gefüttert werden. Diese ist reich an Zucker und leicht zu verarbeiten. Achte darauf, dass die Nahrung nicht zu viel Protein enthält (d.h. keine nicht-vegetarische Babynahrung) oder andere Zutaten, die für deinen Hamster nicht gut wären.

- Tees, die in einem Notfall hilfreich sein können:
  - **Schwarzer Tee** enthält Tannine, welche helfen, Blut aus einer blutenden Wunde zu gerinnen. Lege dazu fünf Teebeutel in eine Tasse heißes Wasser und lasse sie zwei oder drei Minuten ziehen. Tränke ein Tuch oder ein Wattepad im Tee und halte es dann gegen die Wunde, bis die Blutung aufhört.
  - **Thymiantee** wird hergestellt, indem man eine Handvoll frischen Thymian in heißem Wasser ziehen lässt. Wenn er abgekühlt ist, kann er im Notfall auf einem Tuch verwendet werden, um eine Wunde zu desinfizieren.

KAPITAL 8

Hamsterfortp-flanzung und -zucht

Weibliche und männli-che Hamster lassen sich leicht anhand ihrer Genitalien unterscheiden.

Weibliche Hamster haben sowohl innere als auch äußere Fortpflanzungsorgane. Im Inneren besitzen sie Eierstöcke, eine Gebärmutter und eine Vagina. Äußerlich haben sie eine Vulva. Obwohl Hamster nur zwei Milchdrüsen (die Organe, die Milch

produzieren) haben, können sie zwischen sechs und 16 Zitzen besitzen! Männliche Hamster haben im Gegensatz zu männlichen Menschen keine Zitzen. Sie haben einen Penis, der die meiste Zeit im Fell verborgen ist, und die Hoden erwachsener männlicher Hamster sind im Verhältnis zu ihrer Körpergröße recht groß. Das macht es einfach, das Geschlecht deines Hamsters zu bestimmen

At three weeks, the pups should have stopped nursing and be eating a normal hamster diet. You may need to crumble food and/or add water to make the food more manageable for the pups' tiny mouths.

Hamsterfortpflanzung

Hamster sind wie die meisten Nagetiere wahre Fortpflanzungskünstler. Die Tragezeit eines Roborowski-Zwerghamsters beträgt 23–30 Tage, die eines Chinesischen Hamsters 21–23 Tage. Zwergarten wie Campbell- und Dsungarische Hamster haben eine Tragezeit von 18–21 Tagen. Goldhamster hingegen vermehren sich am schnellsten von allen Hamstern, da sie eine Tragezeit von nur 16–18 Tagen haben. Goldhamster können während jedes Brunstzyklus trächtig werden und dieser Zyclus wiederholt sich alle vier Tage. Das bedeutet, dass ein Goldhamster bis zu 18 Würfe pro Jahr haben kann. Jeder Wurf umfasst im Durchschnitt sechs bis acht Jungtiere umfasst, obwohl es auch schon Fälle mit 12 bis 20 Jungtieren in einem Wurf gab. Das heißt, dass ein weiblicher Goldhamster über 100 Jungtiere pro Jahr zur Welt bringen kann.

Weibliche Hamster können bereits im Alter von vier bis sechs Wochen geschlechtsreif werden, und eine Paarung kann innerhalb von Sekunden geschehen. Aus diesem Grund solltest du die Geschlechter spätestens ab einem Alter von drei Wochen trennen. Auch bei Hamsterarten, die grundsätzlich geselliger sind, wie der Chinesische Hamster, ist es wichtig, nur gleichgeschlechtliche Tiere gemeinsam zu halten. Wird das andere Geschlecht eingeführt, beispielsweise ein Weibchen in einen Lebensraum mit Männchen, führt dies zu Konkurrenz und Aggression unter den männlichen Hamstern. Weibchen sind meist noch weniger tolerant gegenüber Männchen, was bei einer plötzlichen Vergesellschaftung zu Verletzungen führen kann.

Ein fürsorglicher Hamsterhalter sollte vermeiden, dass sich seine Hamster unkontrolliert vermehren. Ein Halter, der einen Fehler bei der Geschlechtsbestimmung seiner Hamster macht, könnte sich schnell überfordert fühlen. Dein Tierarzt sollte in der Lage sein, das Geschlecht deiner Hamsterbabys zu bestimmen. Ich spreche aus Erfahrung. Ich habe nie das Geschlecht meiner Hamster falsch bestimmt, jedoch ist mir das bei drei Hausmäusen passiert. Alle drei sollten Weibchen sein, aber ich habe auf die harte Tour herausgefunden, dass „Fräulein" Ahorn eigentlich „Herr Ahorn" war. Ich war schockiert, als ich eines Tages beim Reinigen des Geheges 10 kleine Mäusebabys fand. Wie Hamster können Mäuse direkt nach der Geburt wieder trächtig werden. Lange Rede,

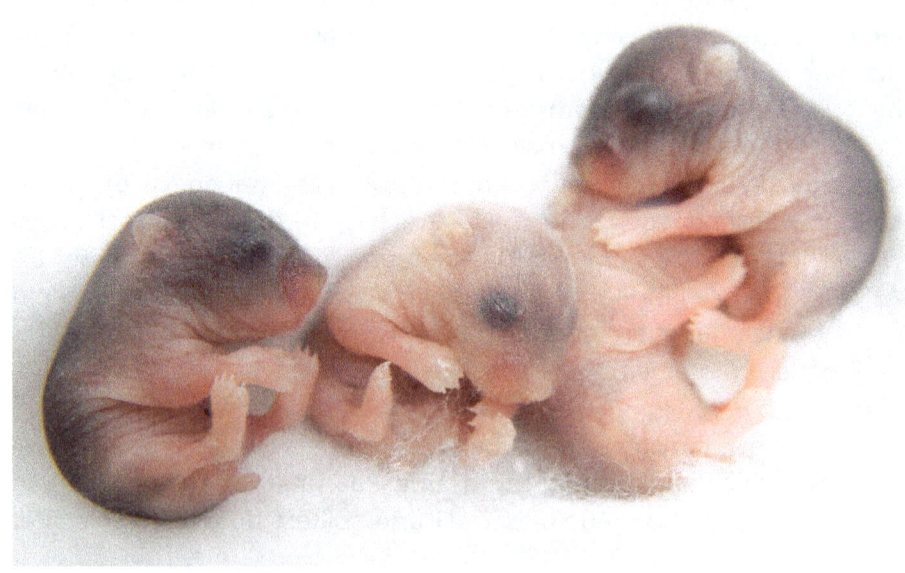

kurzer Sinn: Ich habe einen Fehler bei der Geschlechtsbestimmung gemacht und hatte plötzlich 35 Mäuse, die wie Popcorn durch den Käfig hüpften. Sie waren niedlich, aber es war ein kleiner Albtraum.

Kastration und Sterilisation

Sterilisation ist der gebräuchliche Begriff für die Entfernung der Fortpflanzungsorgane bei einem weiblichen Tier. Kastration ist der Begriff, der für die Entfernung der Fortpflanzungsorgane bei männlichen Tieren verwendet wird.

Hamster werden in der Regel nicht kastriert oder sterilisiert, da die Verwendung von Narkosemitteln bei einem so kleinen Tier riskant ist. Normalerweise wird bei einem so winzigen Tier keine Narkose eingesetzt, es sei denn, es handelt sich um eine lebensbedrohliche Situation. Es passiert schnell, dass dem Tier zu viel Narkosemittel geben wird, was ihre Atmung und ihr Herz zum Stillstand bringen kann. Die einzige sichere Alternative zur Kastration und Sterilisation ist die Trennung von männlichen und weiblichen Hamstern, bevor sie das fortpflanzungsfähige Alter erreichen.

Zucht deines Hamsters

Wie bereits erwähnt, können Hamster bereits mit vier Wochen geschlechtsreif werden. Daher ist es wichtig, Hamsterjunge nach Geschlecht zu trennen, wenn du keine Überraschungswürfe haben möchtest. Wenn du dich entscheidest, deinen weiblichen Hamster zu züchten, ist ein Alter zwischen 10 Wochen und 15 Monaten ein sicherer Zeitrahmen. Während der Trächtigkeit benötigt das Weibchen mehr hochwertiges Futter, Wasser und vielleicht ein paar mehr Leckerbissen. Trächtige und säugende Hamster benötigen mehr Energie und daher zusätzliches Protein sowie Gemüse und Früchte, die reich an Vitamin A und E sind. Die Futterqualität ist wichtig, da sie kräftige, gesunde Jungtiere und eine Mutter in guter körperlicher Verfassung gewährleistet.

Da dein Hamster nach der Geburt zunächst keinen Kontakt zu dir möchte, ist eine ausgewogene Ernährung mit reichlich Kalzium, Vitaminen

und Proteinen eine wunderbare Möglichkeit, ihm deine Liebe und Unterstützung zu zeigen und gleichzeitig sicherzustellen, dass die Mutter genügend Kraft hat und ausreichend Milch produziert.

Trächtige Weibchen benötigen auch zusätzliches Nestmaterial, um sich auf den Wurf vorzubereiten und die Jungtiere willkommen zu heißen.

Trächtige Hamster können ziemlich aggressiv sein, also gib deinem Tier seinen Raum. Ihr Bauch wird erst wenige Tage vor der Geburt deutlich sichtbar. Du wirst erkennen, dass dein Hamster kurz vor der Geburt steht, wenn er unruhig ist und möglicherweise im Kreis um sein Gehege läuft. Wenn du dieses Verhalten siehst, versuche, eine letzte Reinigung des Geheges vor der Geburt durchzuführen, da es eine Weile dauern wird, bis du es wieder reinigen kannst. Kurz vor der Geburt wird dein Hamster ein großes Nest bauen, und wird nicht daraus hervorkommen, bis ihre Jungen geboren sind. Einige Halter installieren etwa eine Woche vor der Geburt eine kleine Kamera im Nest, um sehen zu können, ob der Hamster seine Babys bekommen hat, ohne ihn zu stören.

Sobald dein Hamster Nachwuchs bekommen hat, solltest du Mutter und Babys mindestens sieben Tage lang völlig in Ruhe lassen, auch wenn du dir Sorgen machst. In dieser sensiblen Phase kannst du den Babys nicht helfen, wenn etwas schiefläuft. Jede Störung kann die Mutter stark stressen – und Stress kann dazu führen, dass sie ihre Jungen verstößt oder im schlimmsten Fall sogar frisst. Das Beste, was du also tun kannst, ist, ihr Ruhe und Sicherheit zu geben. Dies gibt den Jungtieren die beste Chance, gesund heranzuwachsen.

Nach sieben Tagen kannst du das Gehege aufräumen, Schmutz aus dem Nest entfernen und vielleicht einen kurzen Blick auf deine neuen Familienmitglieder werfen. Nach 14 Tagen kannst du anfangen, die Hamstermama hochzunehmen und zu kuscheln. Sie fühlt sich vielleicht müde und gestresst und möchte nicht gehalten werden. In diesem Fall gib ihr noch ein paar Tage Zeit. Alternativ sehnt sie sich vielleicht verzweifelt nach einer Pause von den Babys und möchte etwas menschlichen Kontakt. Folge einfach ihren Signalen.

Dies ist auch ein guter Zeitpunkt, um anzufangen, die Jungtiere zu handhaben und sie an Menschen zu gewöhnen. Frühes Handling ist einer der Vorteile, wenn du deinen Hamster von einem Züchter und nicht aus einer Zoohandlung bekommst. Von Züchtern aufgezogene Hamster sind mit Haushaltsgeräuschen, Kindern und dem Gehaltenwerden vertraut.

Mit drei Wochen sollten die Jungtiere aufgehört haben zu säugen und eine normale Hamsternahrung zu sich nehmen. Du musst möglicherweise das Futter zerbröseln und/oder Wasser hinzufügen, um es für die winzigen Mäuler der Jungtiere besser handhabbar zu machen.

Neue Zuhause sollten für deine Jungtiere arrangiert werden, bevor sie vier Wochen alt sind. Du wirst bemerken, dass deine Hamstermama Zeit getrennt von ihren Jungen verbringen möchte und möglicherweise Zeit außerhalb ihrer Reichweite verbringt, wenn es möglich ist. Gib ihr Pausen in ihrem Auslaufgehege, aber nicht zu lange, da Mutter und Babys ängstlich werden könnten, wenn sie zu lange getrennt sind.

KAPITEL 9

Ältere Hamster

L eider ist die Lebensdauer von Hamstern im Vergleich zu anderen Haustieren sehr kurz. In freier Wildbahn beträgt die durchschnittliche Lebensdauer eines Hamsters zwei bis drei Jahre, während Haushamster typischerweise drei bis vier Jahre leben.

Ein Wildhamster hat aufgrund von Bedrohungen mit denen er als gut versorgtes Haustier nicht konfrontier wird, eine kürzere Lebensdauer. Beispielsweise müssen Wildhamster mit extremen Wetterbedingungen zurechtkommen. Zudem müssen sie ständig nach Nahrung suchen

Foto Von
Francesca Perrotta

und dürfen nicht Raubtieren zum Opfer fallen. Abholzung und Klima-veränderungen können zu Lebensraumverlust, Nahrungsknappheit und anderen Umweltproblemen führen.

Es gab Fälle, in denen Hamster in Gefangenschaft länger als vierein-halb Jahre gelebt haben, auch wenn diese Fälle selten sind. Schlechte Ernährung, zu kleine Käfige, begrenzte Bewegungsmöglichkeiten und Langeweile verkürzen die Lebensdauer von Haushamstern, ebenso wie Inzucht und Überzüchtung. Einige Zwerghamsterrassen leben mögli-cherweise nur ein Jahr. Ab einem Alter von rund 14 Monaten können Hamster sich nicht mehr fortpflanzen, und mit 18 Monaten zählt jeder Hamster, egal welcher Art, zu den Senioren.

Wenn dein Hamster mit etwa eineinhalb Jahren das Seniorenalter erreicht, bedeutet das möglicherweise, dass du einige Anpassungen an seinem Lebensraum, seiner Routine und seinem Lebensstil vornehmen musst, um altersbedingte Schwierigkeiten zu berücksichtigen.

Pflege eines älteren Hamsters

> "
> *Ältere Hamster schlafen möglicherweise mehr und bleiben lieber in ihren Nestern versteckt. Respektiere ihr Bedürfnis nach Raum und Ruhe, aber stelle sicher, dass ihr Futter und Wasser leicht zugäng-lich sind. Biete ihnen ihre Lieblingsfutter und Leckerbissen häufiger an und achte darauf, die Raumtemperatur angenehm zu halten.*
>
> JESSICA BRESLER
> *Poppy Bee Hamstery*
> "

Genau wie bei älteren Menschen können bestimmte Aktivitäten für Hamster im Alter zur Herausforderung werden, weil ihr Körper einfach nicht mehr so funktioniert wie früher. Ein zweijähriger Hamster ent-spricht einem 80-jährigen Menschen. Hamster sind ohnehin schon zer-brechliche Geschöpfe, aber wenn sie alt werden, können sie noch anfäl-liger für Krankheiten und Verletzungen werden. Daher hat behutsame

Pflege Priorität.

Mit dem Alter werden Sehvermögen, Gehör und andere Sinne schwächer. Deshalb kann dein Hamster Hilfe dabei brauchen, sich in seiner Umgebung zu orientieren. Es ist nicht ungewöhnlich, dass Hamster Arthritis bekommen. Du wirst vielleicht auch feststellen, dass Teile seines Lebensraums nicht mehr genutzt werden und Leckerbissen auf den oberen Ebenen des Geheges unberührt bleiben. Du bemerkst möglicherweise, dass dein Haustier

INTERESSANT!
Der älteste Hamster der Welt

Laut Guinness-Buch der Rekorde wurde der älteste dokumentierte Haushamster 4,5 Jahre alt und gehörte einer Frau in Großbritannien. Leider ist der Name des Hamsters nicht registriert, aber er gehörte Karen Smeaton. Normalerweise leben Hamster in Gefangenschaft nur 18 bis 36 Monate, wobei Goldhamster die besten Chancen auf ein langes Leben haben.

nicht mehr im Bett auf der obersten Ebene schläft oder sein Nest in der Nähe des Futternapfs baut. Durch altersbedingten Hörverlust oder andere Veränderungen kann es sein, dass dein Hamster nicht mehr auf deinen Ruf reagiert oder dich nicht mehr wie gewohnt an der Tür begrüßt, um sich seine abendliche Belohnung abzuholen.

All dies sind Anzeichen des Alterns und bedeuten, dass du Dinge im Lebensraum deines Haustieres ändern musst, wie zum Beispiel weniger steile Rampen und keine vertikalen Kletterpartien für deinen Hamster, wenn er sich im Gehege bewegt. Wenn das aktuelle Gehege aufgrund altersbedingter Einschränkungen zu anspruchsvoll für deinen Hamster ist, ist es Zeit, ihn in ein eingeschossiges Gehege umzuziehen. Dies könnte deinen Hamster zunächst verwirren, aber es wird auf lange Sicht besser sein. Dein alternder Hamster verlässt sich möglicherweise mehr auf seinen Geruchssinn, also lege etwas altes Einstreu in das neue Gehege, wenn du deinen Hamster umsiedelst, um ihm zu helfen, sich heimisch und sicher zu fühlen.

Wenn du deinen Hamster in ein neues Gehege umsiedelst, stelle den Futternapf und die Wasserflasche relativ nahe an den Schlafbereich. Bewege den Napf und das Wasser jeden Tag für einige Tage allmählich weiter weg, damit dein Hamster ihre Standorte kennt. Vielleicht ist es auch notwendig, die Wasserflasche tiefer zu hängen oder Wasser in einer Schüssel anzubieten, wenn der Hamster aufgrund von Steifheit oder Rückenproblemen Schwierigkeiten hat, die Düse der Wasserflasche zu erreichen.

Genau wie bei Menschen treten Infektionen und Krankheiten bei älteren Tieren häufiger auf. Daher ist Sauberkeit wichtig um zu verhindern, dass dein Hamster krank wird. Tägliche Punktreinigung ist ein MussDein Haustier ist im Alter vielleicht nicht mehr so ordentlich wie früher, da es weniger in der Lage ist, seinen Lebensraum sauber zu halten. Deshalb musst du möglicherweise mehr unterstützen – zum Beispiel, indem du gelagerte Nahrung rechtzeitig entfernst, bevor sie schimmelt, verschmutztes Einstreu häufiger wechselst (was bei älteren Hamstern oft nötig ist) und täglich frisches Wasser und Futter bereitstellst.

Du wirst vielleicht feststellen, dass dein Hamster mehr und an zufälligeren Orten schläft. Mach dir keine Sorgen, denn das ist Teil des Alterns. Verteile Einstreumaterial im Gehege, damit der Hamster immer einen warmen und bequemen Platz hat.

Änderung der Ernährung

Wenn ein Hamster älter als eineinhalb Jahre ist, rate ich Haltern generell davon ab, Snacks mit hohem Proteingehalt zu geben. Jungtiere gedeihen gut mit etwas Ei oder Hühnchen während ihrer Wachstumsphase, aber ein älterer Hamster braucht das zusätzliche Protein nicht, und es kann tatsächlich viel Arbeit für alternde Nieren bedeuten (besonders bei Männchen).

MIKAILA HUDYM
Cloverline Hamstery

Die Kontrolle der Vorderzähne deines älteren Hamsters ist eine gute Möglichkeit, um herauszufinden, welche Art von Ernährung für ihn am besten geeignet ist. Wenn die Zähne kurz genug sind, dass der Hamster sein Maul schließen kann, er regelmäßig an seinen Spielzeugen nagt und er sein gesamtes Futter frisst, ohne Stücke zurückzulassen, sollte dein Hamster in der Lage sein, seine aktuelle Ernährung fortzusetzen.

Foto Von Karen McQueen

Gebrochene oder überwachsene Vorderzähne können die Fähigkeit deines Hamsters zu fressen, beeinträchtigen. Wenn dein Hamster Schwierigkeiten beim Fressen hat, solltest du dein Haustier zu deinem Tierarzt bringen, damit überwachsene Zähne nach Bedarf abgefeilt oder entfernt werden können.

Wenn dein Hamster beginnt, Zahnprobleme zu bekommen, könnte es an der Zeit sein, seine Ernährung umzustellen.

Eine geeignetere Ernährung für einen älteren Hamster erstellen

- Wenn du deinem Haustier Pellets fütterst, gib etwas Wasser hinzu, damit die Pellets aufweichen und einen Brei bilden. Haferflocken sind eine großartige Ballaststoffquelle und können in Wasser eingeweicht werden, wenn dein Hamster älter wird.
- Du kannst deinem Hamster vegetarisches Babybrei geben, wenn ihm das Kauen zu schwierig wird. Babybrei enthält notwendige Nährstoffe und hat eine Konsistenz, die leicht zu essen ist. Zucker im Futter liefert deinem Hamster Energie. Wenn dein Haustier jedoch übergewichtig ist, wähle Babybrei mit grünem Blattgemüse wie Spinat, Grünkohl und Kohl und meide süßes Gemüse wie Mais, Süßkartoffel und Karotten.

- Hamster brauchen Protein, können aber Schwierigkeiten haben, Insekten und Fleisch zu verarbeiten. Gekochte Eier oder Rührei sind eine großartige Alternative.
- Entferne harte Schalen von Nüssen und Samen, um gebrochene Zähne zu vermeiden und dämpfe Gemüsesticks.

Es ist normal, dass dein Hamster mit dem Alter an Gewicht verliert. Sein Gesicht wird dünner aussehen und die Wirbelsäule wird deutlicher hervortreten. Diese Anzeichen könnten mit Krankheitssymptomen verwechselt werden, aber wenn dein Haustier regelmäßig frisst und trinkt, etwas Bewegung macht, tagsüber schläft und normal auf die Toilette geht, hat es wahrscheinlich ein gesundes Alter. Versuche, dein Haustier nur im Notfall zum Tierarzt zu bringen, da solche Besuche für deinen Hamster sehr stressig sein können und sein Fressverhalten sowie seine Aktivität im Lebensraum beeinträchtigen könnten. Du musst einen älteren Hamster nur dann zur Untersuchung bringen, wenn er Schmerzen zu haben scheint oder nicht fressen, trinken oder auf die Toilette gehen kann. Ansonsten ist das Beste, was du für dein alterndes Haustier tun kannst, dich einfach an seine neue Routine anzupassen und Veränderungen zuzulassen.

Sei nicht überrascht, wenn dein älterer Hamster weniger frisst und trinkt. Da er weniger aktiv wird, braucht er weniger Energie und daher weniger Nahrung. Das Immunsystem deines Hamsters wird als natürlicher Teil des Alterns schwächer, daher kann es neben der Sicherstellung einer sauberen Umgebung notwendig sein, Nahrungsergänzungsmittel hinzuzufügen.

Nahrungsergänzungsmittel für ältere Hamster

- **Vitamin C** fördert die Gesundheit deines Haustieres. Ohne es kann ein Hamster an einer schmerzhaften Krankheit namens Skorbut erkranken.

Symptome von Skorbut sind Fellverlust, Lethargie, Quieken bei Berührung, Gewichtsverlust und ein gebeugter Gang, bei dem das Tier beim Gehen wackelt. Brokkoli und Zitrusfrüchte sind hervorragende

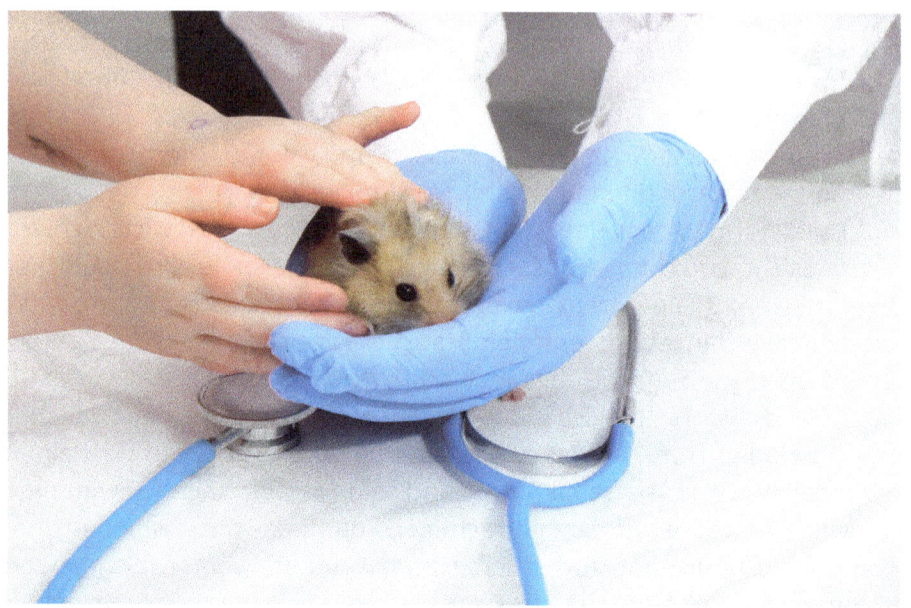

Vitamin-C-Quellen.

- **Vitamin D** wird als Sonnenscheinvitamin bezeichnet, weil Säugetiere es durch ihre Haut aufnehmen, indem sie in der Sonne sind. Es ist jedoch unklug, das Gehege deines Hamsters in direktes Sonnenlicht zu stellen, da dein Haustier dehydrieren und überhitzen kann. Lebertran ist reich an Vitamin D. Das Beschichten des Hamsterfutters mit einem Teelöffel Lebertran oder anderem fettem Fischöl ist eine einfache Methode, um den Vitamin-D-Spiegel deines Haustieres zu erhöhen.

Symptome eines Vitamin-D-Mangels können an den Hüften und am Gang des Hamsters erkannt werden. Wenn dein Haustier nicht genügend Vitamin D bekommt, verlieren seine Knochen Kalzium und werden deformiert oder zerbrechlich. Dies ist am deutlichsten an den Hüften deines Haustieres zu sehen und wird seine Mobilität beeinträchtigen. Eine Warnung: Zu viel Vitamin D in der Ernährung eines Hamsters kann Durchfall und Gewichtsverlust verursachen, also stelle sicher, dass jedes Nahrungsergänzungsmittel, das du deinem Haustier gibst, die richtige Dosierung hat.

- **Vitamin E** erhält die Gesundheit der Haut und des Fells deines Hamsters. Gemüse wie Spinat und Brokkoli enthalten Vitamin E. Sonnenblumenkerne sind ebenfalls eine gute Vitamin-E-Quelle, sollten aber deinem Hamster sparsam gefüttert werden (einige Kerne pro Tag).

Symptome eines Vitamin-E-Mangels sind fleckige Kahlheit, Lahmheit und Muskellähmung. Zu viel Vitamin E kann jedoch Durchfall und Gewichtsverlust verursachen.

Einige Zoohandlungen bieten eine vorgemischte Mischung aus Vitaminen für Hamster an. Einige Produkte liegen als Flüssigkeit vor und können dem Trinkwasser oder Futter des Hamsters beigemischt werden, andere werden direkt verabreicht.

Einige Besitzer berichten, dass ihr älterer Hamster durch die Zugabe von Nahrungsergänzungsmitteln in seiner Ernährung neuen Lebensmut und verbesserte Schlafgewohnheiten gewonnen hat. Dies könnte also hilfreich sein, wenn die neue Routine deines Hamsters beginnt, deinen Schlaf zu stören (ältere Hamster können, wie ältere Menschen, zu Frühaufstehern werden!).

Verhaltensänderungen

Oft schlafen Hamster im Alter viel mehr, und man sieht sie nicht so oft, aber wir raten den Menschen nicht, sie zu stören und zu versuchen, sie zur Interaktion zu zwingen. Sie benutzen oft ihr Laufrad nicht mehr oder gehen darauf, anstatt zu rennen wie in jüngeren Jahren. Viele ältere Hamster klettern nicht mehr so viel, daher geben wir ihnen viel Platz auf der Bodenebene zum Graben oder um sich ein schönes Nest zu bauen.

CINDY CRIBBS
Haven for Hamsters Rescue & Sanctuary

Es ist nicht ungewöhnlich, dass sich die Persönlichkeit deines Hamsters mit zunehmendem Alter ändert. Dein Hamster hat möglicherweise Schmerzen, und dies kann dazu führen, dass dein Haustier reizbarer, bissiger und vielleicht weniger verspielt wird.

Wenn du dich deinem Hamster näherst, gib ihm mehr Zeit zum Schnüffeln und um dich zu identifizieren, da das Alter sein

Foto Von Tiffany Booker

Sehvermögen und sein Gedächtnis beeinträchtigt haben könnte. Es könnte etwas länger dauern, bis er sich wohl fühlt, wenn er gehalten wird. Aus verschiedenen Gründen werden Hamste rmanchmal im Alter stimmfreudiger und quieken häufiger.

Ich habe erlebt, dass ältere Hamster quieken, weil sie Schmerzen haben, weil sie glücklich sind und auch, weil sie verloren sind und um Hilfe rufen. Nutze all deine Detektivfähigkeiten und dein Wissen über dein Haustier, um herauszufinden, was dein Hamster zu kommunizieren versucht.

Vorbereitung auf das Ableben deines Hamsters

Es ist unvermeidlich, dass dein Hamster irgendwann sterben wird. Eines Tages findest du dein Haustier vielleicht zusammengerollt in seinem Bett, scheinbar schlafend, und du merkst erst, dass es tot ist, wenn es nicht auf dich reagiert. In diesem Fall kennst du möglicherweise die Todesursache nicht, aber es ist wahrscheinlich, dass dein Haustier an Altersschwäche gestorben ist, wenn es zwei Jahre oder älter ist und es keine Anzeichen einer Krankheit gab.

Aufgrund ihrer geringen Größe kann es selbst für Tierärzte schwierig sein, einen Hamster richtig zu diagnostizieren, und die verfügbaren Medikamente sind für so kleine Tiere begrenzt. Wenn dein Hamster älter wird, und besonders wenn du das Gefühl hast, dass er kurz vor dem Tod steht, ist es wichtig, dass du ruhige Zeit mit deinem Haustier verbringst und es in seinen letzten Tagen/Wochen so bequem wie möglich machst. Füttere ihm Leckerbissen, streichle es zusätzlich und genieße einfach das Zusammensein mit deinem Haustier.

Einschläferung

Wenn du zu irgendeinem Zeitpunkt vermutest, dass dein Hamster Schmerzen hat, könnte es gut sein, ihn zu deinem Tierarzt zu bringen, mit der Absicht, ihn einschläfern zu lassen. Es kann äußerst schwierig und stressig sein zu bestimmen, wann dein Hamster leidet und Schmer-

zen hat. Er schläft möglicherweise den ganzen Tag und bewegt sich kaum, und er verweigert möglicherweise Futter und Wasser.

Bei der Einschläferung deines Hamsters wird dein Hamster in einen verschlossenen Behälter wie ein Glas gesetzt, welches mit einem Gas gefüllt wird, das bei Operationen als Narkosemittel verwendet wird. Bei der Einschläferung verabreicht der Tierarzt dem Hamster eine Überdosis des Gases. Dies wird deinen Hamster zunächst schläfrig machen und einschlafen lassen. Dann, wenn die Gaskonzentration zunimmt, sinkt der Sauerstoffgehalt deines Hamsters, und sein Herz und Gehirn hören auf zu funktionieren. Dein Hamster wird keine Schmerzen spüren und sich nicht bewusst sein, was passiert.

Manche Tierärzte verabreichen ein Medikament direkt ins Herz des Hamsters, um sicherzugehen, dass das Herz aufhört zu schlagen. Anschließend prüfen alle Tierärzte mit dem Stethoskop, ob kein Herzschlag mehr vorhanden ist.

Trauer um deinen Verlust

Unsere Haustiere nehmen immer ein Stück unseres Herzens mit, wenn sie sterben. Es ist völlig normal, dass du nach dem Verlust deines geliebten Haustieres traurig, einsam oder aufgewühlt fühlst.

Wenn dein Hamster eingeschläfert wurde, kannst du seinen Körper mit nach Hause nehmen und eine ordentliche Beerdigung durchführen. Andernfalls wird dein Haustier in einem Krematorium eingeäschert.

Wenn du dein Haustier zu Hause begraben möchtest, finde einen Ort in deinem Garten, wo es nicht von einem Tier entdeckt und ausgegraben werden kann und nicht in einem Bereich liegt, der überschwemmen könnte. Verwende eine Papier- oder Pappschachtel oder wickle den Körper in Seidenpapier. Verwende keinen Plastikbehälter, da diese nicht zerfallen und schlecht für die Umwelt sind. Dein Tierarzt kann dir weitere Informationen geben.

Unabhängig davon, ob du dein Haustier begräbst oder dein Tierarzt seine Einäscherung übernimmt, kannst du deinen Hamster auf verschiedene Weise ehren.

- Gestalte eine persönliche Beerdigungszeremonie, bei der du die Gelegenheit hast, dich zu verabschieden.

- Schreibe deine Gefühle über den Verlust deines Haustieres auf und scheue dich nicht, diese Gefühle mit Freunden und Familie zu teilen.

- Nimm dir die Zeit, die du zum Trauern brauchst. Es ist in Ordnung, traurig zu sein.

Widerstehe dem Drang, sofort loszugehen und ein neues Haustier zu kaufen. Du könntest aufgrund deiner Emotionen eine schlechte Entscheidung treffen.

FAZIT

Einen Hamster als Freund und Begleiter zu haben, kann eine herzerwärmende Erfahrung für dich und dein Haustier sein. Mit Geduld, Zeit und Aufmerksamkeit kannst du eine vertrauensvolle und liebevolle Beziehung zu deinem pelzigen Freund aufbauen.

Bevor du einen Hamster anschaffst, überlege dir, warum du einen haben möchtest. Ist es das richtige Tier für dich? Hast du die Zeit, um Liebe und Fürsorge zu schenken? Die Wahl der richtigen Hamsterart hängt davon ab, wie viel Platz du für ein Gehege hast, wie viel Zeit du deinem Hamster widmen kannst und ob es dir nichts ausmacht, ein Haustier zu haben, das vielleicht lieber beobachtet als angefasst werden möchte. Goldhamster sind die freundlichsten Hamster, und ihre Größe und Persönlichkeit eignen sich besser für jüngere Besitzer. Kleinere Hamsterrassen passen besser zu älteren Besitzern, die die Charaktereigenschaften dieser Rassen verstehen. Der Vorteil von Zwerghamsterarten ist, dass du oft mehrere von ihnen zusammen in einem Gehege halten kannst, sodass ess unwahrscheinlicher ist dass sie sich einsam fühlen. Das kann für Besitzer von Vorteil sein, die weniger Zeit zum Spielen mit ihnen haben.

Ein Hamster ist ein Haustier, das vollständig dir gehören kann und für das du verantwortlich bist. Wenn du deinen Hamster gut pflegst und ihm viel Aufmerksamkeit schenkst, wird er dich mit einer Freundschaft belohnen, die du nie vergessen wirst. Du wirst unterwegs so viel über dich selbst und dein Haustier lernen und Momente schaffen, die du in Erinnerung behalten wirst.

Wenn du dir nicht sicher bist, ob ein Hamster das richtige Haustier für dich ist, oder du allgemeine Fragen zu seiner Pflege hast, gibt es viele Menschen, die Hamster besitzen und züchten und dir gerne bei Fragen oder Problemen helfen.

Vertraue letztendlich deinem Instinkt, während sich dein Wissen über deinen Hamster und deine Beziehung zu ihm entwickelt. Du kennst dein Haustier am besten, und dein Hamster wird dir zu verstehen geben, wenn etwas nicht stimmt oder er unglücklich ist.

Auch wenn dir die Zeit mit deinem Hamster in deinem langen Leben wie ein flüchtiger Moment erscheinen mag, denke daran, dass du während der gesamten Lebenszeit deines Haustieres für es da sein wirst. Du bist sein täglicher Begleiter, sein Freund und sein Betreuer, und dein Haustier ist für seine Gesundheit und sein Wohlbefinden vollständig auf dich angewiesen.